中小学生成长指南

中小学生 ZHONG XIAO XUESHENG CHENGZHANG ZHINAN

人生健康指南

人格魅力的根本，是精神力量的源泉，是现实中克服困难的勇气。
拥有健康人格就是拥有快乐的人生！

余霞◎编

成都地图出版社

图书在版编目（CIP）数据

中小学生人生健康指南／余霞编．—成都：成都地图出版社，2013.5（2021.4重印）
（中小学生成长指南）
ISBN 978－7－80704－698－1

Ⅰ.①中… Ⅱ.①余… Ⅲ.①健康教育－青年读物②健康教育－少年读物 Ⅳ.①G479-49

中国版本图书馆CIP数据核字（2013）第076189号

中小学生人生健康指南

责任编辑：马红文
封面设计：童婴文化

出版发行：成都地图出版社
地　　址：成都市龙泉驿区建设路2号
邮政编码：610100
电　　话：028－84884826（营销部）
传　　真：028－84884820

印　　刷：三河市人民印务有限公司
（如发现印装质量问题，影响阅读，请与印刷厂商联系调换）

开　　本：710mm×1000mm　1/16
印　　张：13　　**字　　数：**180千字
版　　次：2013年5月第1版　　**印　　次：**2021年4月第8次印刷
书　　号：ISBN 978－7－80704－698－1

定　　价：38.80元

前 言

青春是早晨的太阳，容光焕发，灿烂耀眼。青春是蓬勃的生机，是不灭的希望，是一往无前的勇敢，是生命中最辉煌的色彩。青春气贯长虹，勇锐盖过怯懦，进取压倒苟安。青春意味着勇敢战胜怯懦，青春意味着进取战胜安逸。青春时期是具有决定意义的时期，在这个时期，给自己的人生定一个目标是极为重要的。

春天怜爱小草，造就了令人心旷神怡的绿色大地；夏天钟爱蝉儿，成全了那朴实短暂的丝丝绵绵；秋天痴爱落叶，终结了从容淡漠的不悔精神；冬天恋爱孤雁，留下了那无法追忆的似水年华。春夏秋冬，四季转换，带走了无尽的岁月，我们该给我们所生活的这个世界留下点什么呢？是碌碌无为，还是果实累累？这就要看我们采取什么样的行动了。

歌德说过：“谁若游戏人生，他就一事无成；谁不能主宰自己，他就永远是一个奴隶。”我们来到世间，不过匆匆数十年，是游戏人生，还是做一番事业？是浪费生命，使韶华空过，还是主宰自己，做创造历史的主人？这确是每一个青少年都应该严肃面对的人生基本问题。

本书分为理想是人生的指路明灯、立志是成功大门的抓手、学习是通向成功的阶梯、诚信是人生成功的基石、勤奋是实现理想的保证、人生需要有坚韧的毅力、为人处世不要太自傲、谦让是人生修养的体现、树立积极进取的心态、做人当立天地间等十章，取材广博，选例典型，叙事简明，重点突出。

本书将青少年如何定位人生目标的各种道理和故事荟萃于一书，是培养青少年健全人格必备的修养全书。

在编纂过程中，由于受资料和学识所限，书中有失当和不足之处，欢迎广大读者提出建议和批评，以便将来再版时采纳和改正。

目 录
Contents

诚信是人生成功的基石

勤奋是实现理想的保证

人生需要有坚韧的毅力

为人处世不要太自傲

谦让是人生修养的体现

树立积极进取的心态

做人当立天地间

理想是人生的指路明灯

LIXIANG SHI RENSHENG DE ZHILU MINGDENG

敢于梦想才会成功

俄国大文豪列夫·托尔斯泰说过："理想是指路明灯，没有理想，就没有坚定的方向，而没有方向，就没有真正的生活。"

哈佛大学有一个非常著名的关于目标对人生影响的跟踪调查，对象是一群智力、学历、环境等条件都差不多的年轻人，调查结果发现：

27% 的人，没有梦想；

60% 的人，梦想模糊；

10% 的人，有自己的梦想；

3% 的人，有自己坚定的梦想。

25 年的跟踪调查发现，他们的生活变化十分有意思。

那 3% 的人，几乎从不曾更改过自己的人生目标，他们始终朝着同一个方向不懈地努力。25 年后，他们几乎都成了社会各界顶尖成功人士，他们中不乏白手创业者、行业领袖、社会精英等。

那 10% 的人，大都生活在社会的中上层。他们的共同特征是一些短期目标不断实现，生活质量稳步上升，他们成为各行各业不可缺少的专业人士，如医生、律师、工程师、高级主管等。

那60%的人，几乎都生活在社会的中下层，他们能安稳地生活与工作，但都没有什么特别的成绩。

剩下的27%的人，他们几乎都生活在社会的最底层，过得很不如意，常常失业，靠社会救济度日，并且常常抱怨他人、抱怨社会。

调查者得出结论：梦想对人生有巨大的导向作用。在一开始，成功仅仅是一个选择，你选择了什么样的梦想，就会有什么样的成就，就会有什么样的人生。

燕雀安知鸿鹄之志

陈涉年轻的时候，曾和别人一起被雇佣耕田。有一次，他坐在田埂上惆怅恼恨了很久，说："如果有朝一日大家富贵了，可千万不要忘记今天的伙伴们。"一起受雇耕田的人笑着回答说："你只是个被雇来耕田的，怎么可能富贵呢?"陈涉长长叹了一口气，说："唉！小燕雀怎么能懂得天鹅的志向呢!"

天鹅的志向在于搏击长空，直冲云霄，即便羽毛暂时没有丰满，无法飞向高空，也一直怀有这样的志向；而燕子、麻雀却只是想在低空飞飞就可以了。这就是天鹅和燕子、麻雀的区别。

陈涉虽然只是被人家雇来种田的，但是心里却怀有远大的志向，并不满足于一辈子为人家雇佣耕田。志存高远的人，当幸运女神眷顾的时候，会毫不犹豫地抓住机会；而平庸者只满足于自己目前的处境，无力也无意通过自己的奋斗改变命运，甚至听到别人宏伟的理想时还会嘲笑人家。出身低微贫贱并不可怕，因为最初的命运不是自己可以选择的，但是人们一定要有远大的志向。只有志存高远，才能激发出巨大的潜力，使人始终保持对更高理想的追求，时刻注意从各个方面充实自己。

几乎每一个事业成功者都对理想有强烈的追求，都不满足于现状。可以想象，满足于现状的人又怎么会为了更高远的目标而不懈努力，怎么可能为了更加美好的明天而刻苦奋斗呢?

所以说，有志者事竟成，有远大的理想才能在行动上不懈地追求。

找对方向才能做得好

人只有树立了目标，才有行动的方向。人生和事业目标的选择，适合自己的才是最佳的。每个人都有自己的长处和短处，能力和智商也分高低，如果选定的目标偏离自己的长处，或者高于自己的能力，或者低于自己的能力，都是不合适的。

凡·莫顿原来是个布商，后来成为了一位银行家。1888 年时，他又成为美国副总统候选人，一时名声赫然。

当有人请教凡·莫顿如何成功地转变为一位银行家的时候，他说："当时我还在经营布料生意，业务状况比较平稳。但是有一天，我偶然读到爱默生写的一本书，书中这样一句话映入了我的眼帘：'如果一个人拥有一种别人所需要的特长，那么无论他在哪里都不会被埋没。'这句话给我留下了深刻的印象，顿时使我改变了原来的目标。

"当时我做生意很守信用，与所有商人一样，难免要去银行贷些款项来周转。看到了爱默生的那句话后，我就仔细考虑了一下，觉得当时各行各业中最急需的就是金钱。人们的生活起居、生意买卖，处处都需要金钱，也就是说，处处都和银行相关。

"于是，我下决心抛开布行，开始创办银行。在稳当可靠的条件下，我尽量多往外放款。一开始，我要去找贷款人，后来，许多人都开始来找我了。"由此可见，任何事情，只要脚踏实地去做，就可能成功。

通观古今中外，有许许多多的人因为一生干着不恰当的工作而招致失败。在这些失败者中，有不少人做事都很认真，似乎应该能够成功，但实际上却一败涂地。这是为什么呢?原因在于，他们做的工作不适合自己，但他们又没有勇气放弃耕种已久却荒芜贫瘠的土地，没有勇气再去寻找肥沃多产的田野，所以，只好眼看着自己白白花费了大量的精力，消耗了宝贵的光阴，但仍然一事无成。其实，他们早该知道，这完全是由于他们没有找到适合自己的工作，没有找到适合自己的目标，而糊里糊涂地过着浑浑噩噩的日子。

朝着适合自己的目标前进是重要的。如果你以相当的精力长期从事一种职业，但仍旧看不到一点进步、一点成功的希望的话，那么你就应该反思一下：从自己的兴趣、能力来说，自己追求的目标是否合适？自己是否走错了路？如果确定自己走错了路，就应该及早掉头，去寻找适合自己、更有希望的职业。如果你所追求的目标一直没有实现的希望，那就不必再浪费时间了，不要再无谓地消耗自己的力量，而应该去寻找另一片沃土。

当然，在你重新确定目标、改变航向之前，一定要经过慎重地考虑，尤其不可三心二意，不可以既抱着这个又想要那个。在美国西部，有一位著名的木材商人，他曾经做了40年的牧师，可是一直无法成为一个胜任而出色的牧师。他考虑再三后，对自己的优势和弱点有了重新的认识，于是改变目标，开始从事商业经营。他从此一帆风顺，最终成为一个全国有名的木材商人，富甲一方。

目标很重要，选择合适的目标更重要。选择合适的目标，需要自己不断地反思，认清自己的优点和不足，然后再给自己一个准确的定位，从而找到合适的目标。目标一旦定下来，就要信任自己和自己的能力，内心绝不可轻易承认有失败的可能性。追求目标的过程中，要想着自己的长处而不是短处，想着自己的能力而不是问题。

其实，人生不仅要学会找到属于自己的目标，还需要去学会设定一个有效的目标。一个有效的目标首先需要把自己的想法清晰化，明确自己想达到什么具体目标，然后专心致志地去实现这个目标。制订实现目标的计划，并定出最后期限，细心规划各时期的进度，包括每小时的、每日的、每月的，有组织的工作及持续的热情是力量的源泉，这样才能实现目标。

目标是发散思维的落脚点

人只有树立了心中期望的目标，才有行动的方向。有了行动的方向，发散的思维才有最终的落脚点。可以说，目标是思考问题和拿出行动的最终指向，是集中所有精力要追求的东西。目标不仅可以给人带来前进的动力，还会激发人的智慧和潜能，从而制订周密的计划，确定做事的方式和思路。

1878年9月初，爱迪生访问华莱士。当他看到华莱士把“远距离发电机”连接起来，并且点亮了一盏弧光灯时，变得非常兴奋。通过相应研究，他对发明白炽灯充满了信心，认为可以把电灯系统遍布各家各户。从此，他就以发明这样的电灯为目标，开始了自己的发明和实验。爱迪生的研究目标可以从他的《电与煤气争夺通用照明地位》中看到：“目标：爱迪生要用电力照明取代煤气照明，不仅要使电力照明具有煤气照明的一切优点，而且要使照明设备能够满足人们的各种要求。”

这个目标带来的思路是全新的，因为爱迪生决定先把电流分路，再引入住屋中去点灯。这在当时的研究电的学者们看来是不可能的。但对爱迪生来讲，也正是有了这样的目标和信心，才有了上千次的尝试和努力，最终有了千家万户的灯火通明。

相反，如果一个人没有目标，就等于失去了行动和努力的方向。有些人缺乏确定自己目标的能力，总是找不到目标，结果整天浑浑噩噩、得过且过，青春年华在不知不觉中流失殆尽。因为没有目标，许多人从来没有一个长远的计划，当然也就不会取得成功的思路和创意，从而永远被拒绝在成功的门外。

一个人只有先有目标，才有成就大事的希望，才有前进的方向。那些成功者，非常善于在行动之前，通过自己的思考和判断来找到一个适合自己能力发展的目标，因为在他们看来，找到目标就等于成功了一半。当定下目标之后，目标就在两个方面起作用：它是努力的依据，也是对你的鞭策。目标给了你一个看得着的射击靶。随着你努力实现这些目标，你就会拥有成就感。对许多人来说，制定和实现目标就像一场比赛，随着时间推移，你实现了一个又一个目标，这时你的思维方式和工作方式也会渐渐改变。

目标带来思维，思维带来行为。一个人一旦树立了坚定的目标，脑中所思、心中所想都会围绕目标进行，所有行为才会更有针对性，也更有效率。一项心理学研究表明，一个人的行为总是与他意志中的最主要思想互相配合的。所以，特意深植在脑海中并维持不变的任何明确的主要目标，在我们下定决心要将它实现之际，它也将渗透到整个潜意识，并自动地影响身体的外在行动来实现目标。

所以，我们要改变自己的生活，不仅要有强烈的期望，还必须把这种期望变成一个目标。这就是说，你应该用想象力在脑海里把目标绘成一幅直观的图画，直到它完完全全被实现。有丰富的计划，就有丰富的人生。假如你能确立人生目标，就已经踏出成功的第一步。

制订一个目标对每个人来说都是极为重要的。对美国电影演员理查德·伯顿来说，目标挽救了他的人生。

理查德·伯顿是一位声誉极高的演员，事业上颇有成就。可有一次他表演失败了，他一时想不开，常常喝得酩酊大醉，想以此消愁，结果是借酒消愁愁更愁，不仅伤害了自己的身体，还差点毁了自己的演艺生涯。

后来，伯顿在其主演的一部影片获得极大成功以后，决心要戒酒。因为他逐渐感到，由于酒喝得太多，他甚至连台词都不大能记住了。他说："我很想见见与我合作过的那些演员，我知道他们的演出都十分出色，可我现在连一个镜头都回想不起来了。"

这一痛苦经历促使他产生了要改变自己生活的强烈愿望。他为自己制订了一个具体目标，即严格地控制自己——过一种与酒告别的生活。他对自己期望的未来制订了明确的目标，甚至对与喝酒的朋友在一起会损失什么，也认真考虑了一番。他明白，必须改掉自己的一些不良习惯。他也相信，只要确定了某个具体目标，他就能实现它。

伯顿为自己制订了一个治疗计划——每天游泳、散步，并严禁喝酒。经过两年的努力，他终于达到了目的。他又重新组织了一个家庭，过着美满、幸福的新生活，他兴奋地说："我的工作能力完全恢复了。我发现自己的动作和思考都比酗酒时更加敏捷，精力更充沛，脑子转得也更快了。"

因为有了强烈而明确的目标，伯顿获得了成功。目标告诉他自己该怎么做，不该怎么做。对我们也一样，我们也应该找出自己强烈的期望，并把它们转变成我们生活中的具体目标。

目标不仅会带来思路，更会带来效率。试想，如果一艘轮船在大海中失去了方向，在海上打转，它将燃料用完也到达不了岸边。事实上，它所用掉的燃料，已足够使它往返两岸好几次了。一个人若是没有明确的目标以及达成这项目标的明确计划，不管他如何努力，都像是一艘失去方向的轮船。

可以这么说，当一个人没有选好人生明确目标的时候，他会把他的精力和想法浪费在其他无关紧要的事情上，这不但使他无法获得任何能力，而且使他变得优柔寡断而怯弱。只有当他向着生命中一项明确目标前进时，他才能发挥自身的智慧和身体的潜能去实现目标。

调整目标趋利避害

人生是个不断探索的过程，而实现目标的过程中也充满了许多不可知的因素。失败是难免的，正视失败也是必需的。

挫折和失败的产生必定有其原因，有时并不是由于人的能力低下、学识不足，而是由于错误地选择了目标。而失败也给了你一个重新思考、从错误中解脱的良机。

所以，每个人都需要学会不断地重新认识自己的目标，学会不断反思，以使接下来的进程更有效率。

在中南美洲，生长着一种很有趣的小型动物叫蜘蛛猿。这种动物很难被捕捉，人们用装有镇静剂的枪射击或用陷阱捕捉它们，都无济于事，因为它们的动作实在太快了。

后来，有人想出了一个办法，在一个透明窄瓶内放进一颗花生，然后等待蜘蛛猿走向玻璃瓶，伸手去拿花生。一旦它拿到花生时，狩猎者就可以逮到它了。因为当时蜘蛛猿正手握拳头紧抓着那颗花生，所以它的手抽不出来，而那个瓶子对它来说又太大了，使它无法拖着瓶子走。但它十分顽固——或者是太笨了——始终不愿意放下那颗已经到手的花生。就算有人在它身旁倒一大堆花生啊、香蕉啊，它也不愿意放开手中那颗花生。

所以，这时狩猎者便可以轻而易举地抓住它。

有些时候，为了追求更适合自己的目标，你必须先放弃手中的“那颗花生”。这不是见异思迁，而是你愿意改变一些习惯，使自己更有弹性，愿意在尝试新的方法之前，先放弃一些现有的利益。

安德鲁是美国著名的不动产经纪人，但他最初只不过是一个葡萄酒推销员，那是他的第一份工作。

当找到这份卖葡萄酒的工作时，他不知道自己还能干什么，于是他认为自己的目标就是“卖葡萄酒”。最初他为一个卖葡萄酒的朋友干活，接着为一名葡萄酒进口商工作，最后同另外两个人合作办起了自己的进口业务，这并非出自热情，原因正如他自己所说：“为什么不卖葡萄酒呢？我过去一直在卖葡萄酒。”

后来生意越来越糟，可安德鲁还是拼命抓住这份工作，直到公司倒闭仍然不改行，是因为他不知道自己还能干什么。

事业的失败迫使他去上一门学习经营的课程，他的同学中有银行家、艺术家、汽车修理工，他逐渐认识到这些人并不认为他是个“卖葡萄酒的”，而认为他是个“有才能的人”“多面手”，他们对他的看法使他抛弃了原来的想法。

他开始仔细分析，探索其他行业，思考自己到底想干什么。最后，他选择了和夫人一起开展不动产业务，使他取得了卖葡萄酒永远不能为他带来的成功。

许多职业专家认为，一个人一生中至少要经过两三次变换，才能最后找到适合自己特长的事业。而为自己确定合理的目标，则需要同样长的一段时间。事实上，生活往往借失败之手，促使你进行一次次的探索和调整。下面的故事是对这一点很好的佐证：

一位调音师来到罗宾家中，给孩子的钢琴调音。那位调音师是个能手，他很仔细地锁紧了每一根琴弦，使它们都绷得恰到好处，能发出正确的音符。

当他完成整个调音工作后，罗宾问他要付多少钱，他笑一笑答道："还不急，等我下次来的时候再付吧！"

罗宾不解地问道："下次？你这是什么意思？"

调音师说："明天我还会再来，然后一连4个星期每周来一次，再接下来每3个月来一次，要来4次。"

他的话弄得罗宾一头雾水，不由地问："你说什么？钢琴不是已经调好音了吗？难道还有问题？"

调音师清了清喉咙说道："我是调好琴弦了，可是那只是暂时的，如果琴弦要保持在正确的音符上，就必须继续'调整'，所以我得再来几次，直到这些琴弦能始终维持在适当的绷紧程度。"

听完他的话，罗宾不禁叹道："原来还有这么大的学问！"

那天罗宾着实上了重要的一课：调音如此，人生亦是如此！

如果我们希望目标能维持长久直至实现，那就得像给钢琴调音一样。一旦我们有了进展就得立即强化，而且这种强化的工作不能只做一次，得持续做到目标完成为止。

思路是前进的灯塔

思路是什么？思路是前进路上的一盏明灯，给你往前走的希望和努力的勇气；思路是行动的先导，给你指明前进的方向。不同的思路会带来不同的行为，而不同的行为又带来不同的结果。所以有人说，选择比努力更重要。这是因为，如果选择的思路不对，即使比别人多付出了百倍的努力，也不会有什么收获。

东汉末年，天下大乱，英雄辈出，刘备也是其中一个怀有大志的英雄。但是，数年激战下来，结果却是曹操稳居北方，孙权割据江东，而刘备仍然是四处漂泊，虽有文士武将，却始终没有自己的地盘，势单力薄。后来，徐庶向刘备推荐了诸葛亮，并劝刘备亲自屈驾迎请。在三顾茅庐得与诸葛亮相见后，诸葛亮给他提出了一个清晰的发展战略，使刘备茅塞顿开，明白了成就一番大业应该走的发展思路。后来，按照诸葛亮的思路，再加上其超人的政治、军事头脑，使刘备最终得以与曹、孙三分天下。刘备对关羽、张飞说，自己的成就得益于诸葛亮的方针大计指导。

思路是行动的指南，思路的正确与否往往决定了人们行动的方法与速度。在成功学上，有一个著名的命题：一个人想改变命运首先应改变性格，要改变性格首先应改变习惯，要改变习惯首先应改变行为，要改变行为首先应改变思想，要改变思想首先应改变心态。简而言之，一个人想要成功，就必须树立正确的心态、改变陈旧的思想、确立正确的发展思路，然后才能让行动慢慢开花结果。

著名的企业家、海尔集团的 CEO 张瑞敏曾提出了“思路决定出路”的观点。从海尔的发展过程中可以看出，海尔的发展壮大与其清晰的发展思路紧密相连，即先是追求质量，后走国际化道路。最初海尔只是个小厂，现在则是一家国际知名企业。张瑞敏曾说，海尔发展的思路就在于国际化，如果不走这条路，海尔就不能从中国家电企业里脱颖而出；如果不用国际市场来烘托中国市场，海尔在中国就没前途；如果不用中国市场来烘托海尔在美国和其他国家的业务，海尔就没有生存空间。尽管冒了很大的风险，但海尔还是在这样的思路下走向了国际市场。

思路是经过缜密思维的结果，是在表象、概念的基础上进行分析、综合、判断、推理等认知活动的结果。而行动是按照既定的思路，为实现思路中的意图而进行的具体活动。所以可以说，思路是行动的先导，思路决定出路。

人的一切行动是由其传统经验的积淀，在大脑资料库归档后进行心力释放而作出的反应，行动的结果直接表现为人生的出路或命运。或者说，人的最小差别是在脖子之上，即一念之差，最大差别却是成功与失败。所以，树立良好的心态，培养自己好的思维习惯，用好思路指导自己的行动，有助于我们取得成功。

思路是行动的先导，也是成功的心灵密码。世界上没有能不能成功的问题，只有你想不想成功的问题，因为在心灵大门输入指令的好与坏，其结果就是好与坏。人世间的一切奇迹大多是有好思维、好思路的结果。“上九天揽月，下五洋捉鳖”的梦想，随着载人航天飞机和深海潜艇的出现，都一一变成了现实。

思路是行动的先导，也是决定结果成败的最主要因素。如果思路不清晰，眼前的世界就会变得灰暗和茫然，做事的态度就是得过且过、当一天和尚撞一天钟。如果我们用正确的思路，就会充满积极的心态，眼前的世界就会变得有意义，心情就会变得心旷神怡，做事的态度就会变得充满激情，我们的事业也会得以提升。因为目标明确、成功的意识强烈，许多创业者从一个名不见经传的普通一员成为众人瞩目的成功者。

思路是精神，行动是物质。物质是精神的基础，思路支配着行动。思路和精神是要追求的目标，行动和出路是可以感受和体会的现实。什么样的思路支配什么样的行动，不同的思路加不同的行动就会产生不同的效果。

思维是行动的活水

很多时候，人们总是觉得自己的头脑中没有思想的火花，根本想不出什么好的发展思路，感觉日子总是那么平庸无聊。而实际上，这往往是给自己的思想带上了紧箍咒的缘故。认为自己能力不行、条件太差、缺乏知识、没有学历、年纪太大、精力不够，如此等等，都是限制大脑激情和思维活力的紧箍咒。由于缺乏自信，认为自己平庸，或安于现状、贪图享受，就会导致身体内无穷的潜力无法发挥出来，从而也就不可能有充满活力的大脑和敏锐的思维。每天带着沉重的枷锁生活，其实是在扼杀自己的潜力和创造力。每个人的内心都有一股巨大的力量，可以让人超越自我。但现实情况却恰恰相反，太多的人总是庸人自扰，面对世事中一点点不尽如人意的地方，便作茧自缚，陷入苦恼无法自拔，失去了继续前进的信心。

有许多人在迷宫般的、无法预测也乏人指引的人生中失去了方向。他们不断碰壁，可是有的人却能技高一筹地继续前行，安然度过每天的挑战，平安抵达成功的彼岸。为了维持正确的航线，为了不被沿途意想不到的障碍和陷阱困住或吞噬，我们需要一个可靠的内部导引系统，一具有用的罗盘，为自己的人生指引出一条通往成功的“康庄大道”，而不要用坏掉的、失灵的罗盘来指引航向。这坏掉的罗盘可能是难以自拔的自卑感、扭曲的是非感、模糊的价值观、自私自利的意图、未能设定的目标，或是无法分辨轻重缓急等等。坏掉的罗盘就如同紧箍咒一般，越来越紧，最终使人思维枯竭，失去了前行的动力。

心可以超越困难，可以粉碎障碍。充满激情的大脑可以帮助你最终达成你的期望。但关键问题是，你得相信自己是优秀的，认为自己能实现自己的梦想。这样，你才会有力量、有激情、有活力，从而有能力突破面前的障碍。

事实上，一个人的能力与现实中的困难并非总是有差距。聪明的人是会用激情和欲望向眼前的障碍发起挑战的人，他们不会画地为牢，把自己关起来，而是敢于期望、勇于实践，从而获得新的成功。

世事的道理也是如此，成功者大都拥有一颗想飞的心，因为这样的心可以带来超常的思维，帮助他们超越困难、突破阻挠、粉碎障碍，最终达成心中的梦想。当然，坐享其成、不思进取会扼杀人的激情和思维，最终让人变得平庸无能。

当年，刘备投靠了刘表，正巧碰上了曹操虚国远征的大好机会，于是建议刘表趁机发兵攻打曹操，但刘表却说："我现在稳坐荆襄九郡，不想有其他所图。"结果眼见曹操吞并了袁氏势力，日渐强大，无人可制，刘表不由后悔起来。他对刘备说："不采纳你的建议，所以失去了这样一个大好机会。"刘备安慰他说："现在天下分裂，战乱不休，机会还会有的。如果能把握以后的机会，那么现在还不算遗憾。"可是曹操没有等到"以后"便大举进攻荆州，刘表也没有等到"以后"就病死了。他属下的文武官员和儿子刘琮都投降了曹操。而刘备则不同，观其一生，始终处于积极进取当中，最终三分天下取其一。

积极进取而非守成也是现代企业家普遍的精神。

达美乐比萨连锁店系统是美国人蒙纳翰建立的，他也因此成了富翁。有一天，他前去拜访全球最大餐饮连锁店麦当劳的发起者柯罗克。在蒙纳翰眼中柯罗克不仅是经营奇才，也是他效仿的对象。在柯罗克的办公室里，他对蒙纳翰说："你现在已经功成名就了。不妨保险点，每年再多开几间店，但别为了生意让自己惹上麻烦。"蒙纳翰大为震惊，不敢相信自己如此崇拜的企业家，竟会说出这样的话，这和他心目中的柯罗克的信念是背道而驰的。控制不住自己的蒙纳翰脱口喊出："但这样就没有意思了！"

一段长长的寂静之后，柯罗克的脸上绽放出了开心的笑颜，他站起身，从桌后走过来握住蒙纳翰的手："这正是我希望你说的话。"

积极追求总会给人带来源源不断的活力和思路，而安享其成则只会让人变得保守而无能。

信念可以积聚力量

百合刚刚诞生的时候，长得和杂草一模一样。但是，它心里知道自己并不是一株野草。它内心深处，有一个坚定的念头："我是一株百合，不是一株野草。唯一能证明我是百合的方法，就是绽放出美丽的花朵。"有了这个念头，百合深深地扎根，努力地吸收水分和阳光，直直地挺着胸膛。

附近的杂草对百合的目标和努力都很不屑，它们在私底下嘲笑百合：“你不要做梦了，即使你真的开花，在这荒郊野外，你的价值还不是跟我们一样。”

偶尔也有飞过的蜂蝶鸟雀，它们也会劝百合不用那么努力开花：“在这断崖边上，纵然开出世界上最美的花，也不会有人来欣赏呀！”

百合却说：“我要开花，是因为我知道自己是美丽的花。不管有没有人欣赏，不管你们怎么看我，我都要开花！”

在野草和蜂蝶的鄙夷下，百合努力地释放着能量。这一天，它终于开花了，它那富有灵性的白色花朵和秀挺的风姿，成为断崖上最美丽的风景。这时候，野草与蜂蝶再也不敢嘲笑它了。

年年春天，百合努力地开花、结籽。它的种子随着风落在山谷、草原和悬崖边，终于，整个山谷都开满了洁白的百合。几十年后，人们千里迢迢来到这个山谷，欣赏百合开花。后来，那里被人称为“百合谷”。

在上面的寓言故事中，百合不顾别人的嘲笑和鄙夷坚持了下去，最后改变了山谷，也向世人展现了自己。对人生来讲也是如此。如果你能坚持下去，没有什么事是不能做到的，将你的目标定高一点，然后以无比坚定的决心去追求它们。如果你能做到这点，对你来说就绝对没有彻底失败的可能。你或许会失败一次、两次、甚至几百次，但是最后你一定会成功。

没有一个人愿意遭受挫折，但是却没有人可以从来不碰到挫折。强者可以把握命运，无论遇到什么困难都会勇往直前。在他们眼中，挫折是一种动力，是他们走向成功的垫脚石。

有一名推销员拜访了一位客户十几次，可这位固执的客人始终不肯点头。

有人问这位推销员：“他一直不肯答应，你为什么还不放弃？抓紧时间去拜访其他客户吧！”

这个推销员缓缓地说：“因为他还没有说‘不’。”

我们所遇到的挫折，其实都只是一种考验。既然生命还没有对你说“不”，我们就不能放弃。很多时候，我们是因为害怕听到别人的“不”，所以先对自己说“不”的，不给自己机会的其实一直都是我们自己。

世界上没有任何一个成功者是一帆风顺、不经历失败就取得成功的。正如美国成功学大师拿破仑·希尔所说的：“幸运之神要赠给你成功的冠冕之前，往往会用逆境严峻地考验你，看看你的耐力与勇气是否足够。”

一位俄亥俄州的拳击冠军向人讲述他的夺冠经历：“那时我 18 岁，身高 1.59 米，而对手 30 岁，身高 1.79 米，并且获得了全州拳击比赛的三连冠。当我上台挑战他时，不光是下面的观众，连我自己也认为胜利是毫无可能的事情。

“一开始事情确实是那样，他的拳头又狠又密，我满脸是血，只有招架之功，没有还手之力。中场休息时，我决定自动放弃，用鸡蛋碰石头是件不明智的事情。但我的教练却一个劲儿地鼓励我：‘皮特，你一定能将他打倒的，能行的，只要你坚持下去。’或许是他热切的眼神感染了我，休息之后我又走上了赛台。我豁出了一切，任由对手雨点般的拳头落在我身上，脑袋里只有一个念头：坚持下去。于是，我开始疯狂地进行反攻。到了最后，我的眼前一片模糊，只能看见一个庞大的物体在面前晃动，我什么也不顾地狠揍，心里不断地叫着：‘坚持，我能行！’

“等到又一个黑影拉住了我，并举起了我的手时，我听到了教练高兴的笑声，感受到了他热情的拥抱。我回过神来，发现对手已倒在了地上。我这才意识到：自己赢了。”

金牌和成功属于面对困难能够坚持下去的人。面对绝境时，他们没有绝望，所以他们成了成功者。这就是成功者，成功者就是这样炼成的！成功者永远不停地奋斗着，努力创造机会。对于成功的人而言，碰到的每一件小事，遇到的每一个人，都是一个机会。

英国首相丘吉尔是一位杰出的政治家，也是个著名的演说家。他十分推崇面对逆境坚持不懈的精神。他生命中的最后一场演讲是在一所大学的学生结业典礼上，演讲的全过程大约持续了 20 分钟。在这段时间里，他只讲了两句话，而且是相同的：“坚持到底，永不放弃！坚持到底，永不放弃！”

这场演讲是演讲史上的经典之作。丘吉尔用他一生的经验告诉人们，成功根本没有什么秘诀可言，如果真有的话，就是两个：第一个就是坚持到底，永不放弃；第二个就是当你想放弃的时候，回过头来看看第一个秘诀。

我们在成功的道路上要具有敏锐的目光、果断的行动和坚持的毅力，用敏锐的目光去发现机遇，用果断的行动去抓住机遇，但最后还要用坚持的毅力把机遇变成真正的成功。坚持的毅力非常重要，面对挫折时，要告诉自己：要坚持，再来一次。因为这一次的失败已经过去，下次才是成功的开始。人生的过程都是跌倒了再爬起来，只是成功者跌倒的次数比爬起来的次数要少一次，平庸者跌倒的次数比爬起来的次数多了一次而已。最后一次爬起来的人我们叫他“成功”，最后一次爬不起来或不愿爬起来、丧失坚持毅力的人就叫“失败”。

为实现理想力争朝夕

“世界上哪样东西最长又是最短的，最快又是最慢的，最能分割又是最广大的，最不受重视又是最值得惋惜的？没有它，什么事情都做不成；它能使一切渺小的东西归于消灭，使一切伟大的东西生命不绝。”这是法国著名思想家伏尔泰出过的一个谜语，你知道谜底是什么吗？是的，谜底就是时间。“时间是组成生命的材料……”达尔文曾说，“我从来不认为半小时是微不足道的很短的一段时间。”对每个人来讲，人生的时间都是短暂的，而真正可以用来做事的时间就更短暂了。过去的时间已经过去，未来又不可知，我们所能做的就是抓住眼前这一刻。一万年太久，只争朝夕，把握住自己的时间，才能做出一番成就。时间对每个人的回报都是不一样的，假如你是勤奋的人，时间就会给予你收获、智慧与力量；假如你是懒惰的人，时间就会给予你后悔、迟钝与沮丧。

懒惰的人总是拖延，而拖延会让时间白白流逝，会让一切行动无果。

只有避免拖延，让自己的工作富有效率，才可以轻松愉快地生活和娱乐。每个人都或多或少地存在着一种拖延的习惯。我们常常因为拖延时间而懊恼不已，然而下一次又会惯性般地拖延下去。这种现象，我们几乎可以不时遇见，以至于我们不以为然，以为它就是人的一种不可改变的本性了。

拖延时间，看似是人的一种本性，实质上是在工作和生活中养成的一种坏习惯。几乎人人都希望在工作和生活中消除因拖延而产生的各种忧虑。但是，不少人却没有将自己的这种愿望付诸行动，不知道自己所推迟的许多事情其实都是自己可以尽早完成的。

拖延不是一种无所谓的耽搁。一个 CEO 可能因为没能及时做出关键性的决定而导致公司战略失败，从而产生很多无法挽回的损失，这就像病人延误了治病时间，就会给生命带来无可挽回的影响一样。

拖延是对生命的挥霍。拖延在人们日常生活中司空见惯，如果你将一天时间内发生的事情记录下来，就会惊讶地发现，拖延正在不知不觉地消耗着我们的生命。拖延是因为人的惰性在作怪，我们常常会为自己找出一些借口和理由来安慰自己，总想让自己轻松些、舒服些。有些人能在瞬间果断地战胜惰性，积极主动地面对挑战；有些人却深陷于“激战”泥潭，被主动和惰性“拉来拉去”，不知所措，无法定夺……时间就这样被挥霍掉。

你是否有这样的经历，清晨闹钟将你从睡梦中惊醒，你想着自己所制订的计划，同时却感受着被窝里的温暖，一边不断地对自己说——该起床了，一边又不断地给自己寻找借口——再等一会儿。于是，在忐忑不安之中，又躺了 5 分钟、10 分钟……

拖延是对惰性的纵容，一旦形成习惯，就会消磨人的意志，使你对自己越来越失去信心，怀疑自己的毅力，怀疑自己的目标，甚至会使自己的性格变得犹豫不决。

美国心理学家威廉·丹佛在他的著作中将做事拖延和死亡二者之间画等号。拖延的确是事业和生命的大敌。因为拖延，精心制订的计划付之东流；因为拖延，朝气蓬勃的生命变得碌碌无为；因为拖延，人生到头来一事无成！

不允许拖延，这也是企业的一条通令。习惯性的拖延者，总是为了没有完成某些工作而寻找借口，或者为了自己的工作没有按照计划得以实施而编造理由蒙混公司，欺骗管理者。更重要的是，他们的这种行为，其实就是在不断地进行自我欺骗，自我折磨，把自己弄得疲惫不堪。当然，这样的人不可能成为合格的员工。没有任何公司对拖延成习的员工抱有什么希望，那些人终其一生，都难以找到发挥才能的机会。

拖延也是速度的大敌，它会让一切做事的速度慢下来。而在现代社会中，速度往往是制胜的关键。海尔总裁张瑞敏曾在一次培训中向学员提问："你们说，如何让石头在水上飘起来？"有人说："把石头掏空！"张瑞敏摇头。有人说："把石头放在木板上！"张瑞敏说："没有木板！"有人说："做一块假石头！"张瑞敏说："石头是真的。"最后，海尔副总裁喻子达顿悟："是速度！"张瑞敏斩钉截铁地说："正确！"他接着说，"《孙子兵法》上有这样一句话，'激水之疾，至于漂石者，势也。'速度能使沉甸甸的石头飘起来。同样，在信息化时代，速度决定着企业的成败。"

缓慢的水流是无法让石头飘起来的。同样的道理，拖延的行动不会让好思维开花结果。只有立即行动，让自己变得更加有效率，才能让思路跟上变化，让想法变成现实。

那种把你应该在上星期、去年甚至十几年前该做的事情拖到明天去做的习惯，正在啃噬你的意志，除非你革除这种坏习惯，否则你将难以有所成就。没有什么人会为我们承担拖延的损失，拖延的后果只有我们自己承担。

所以，我们要尽量利用自己每一分、每一秒的时间去提升自己，让自己实现既定的目标。

做救人的医生

隋唐民间医学家孙思邈是我国著名的"药王"。他一生不求高官厚禄，几十年如一日，一心为老百姓解除病痛。

在少年时代，孙思邈对医学的重要性并不十分了解。那时，他对文学很感兴趣，立志要写出流芳百世的好文章来。但后来发生的一场灾难，使他改变了志向。

那一年，孙思邈的家乡发生了严重的旱灾，庄稼枯死，颗粒无收。紧接着瘟疫也流行开来，死者不计其数，有的村庄成了无人乡。孙思邈也染上了瘟疫。就在他生命垂危的时候，一位云游郎中用几副药把他从死神手中抢救过来。

大难不死使孙思邈感触很深。他深深体会到，功名利禄比起人的生命来是那样的微不足道。在瘟疫面前，自己能写好文章又有什么用呢？如果能有一手高明的医术，那对挽救人的生命真是太重要了。从此，他收拾起文章诗书，到处寻求医书药典，立志做一个有作为的民间医生。

由于孙思邈能诗善赋的名声太大，就在他抛却功名立志行医后不久，朝廷传来圣旨，隋文帝让他去当国子监博士。这是多少文人苦苦追求的官位，可孙思邈毫不动心，他对钦差大臣说："富贵功名哪有人的性命要紧，请大人回复皇上，我难以从命。"他知道皇上的旨意是不能违背的，现在自己拒绝了圣旨定会遇到麻烦。于是，他告别家人，开始了云游四方的行医生涯。

孙思邈在民间行医的大部分时间是在山区度过的。有一年，山里人的脖子突然粗了起来，得了一种大脖子病。得病的人浑身没力气，不能干重活，但吃起饭来却食量惊人，肚子还老是觉得饿。孙思邈知道吃海生植物能治这种病，可是山区离海太远，远水解不了近渴。他就摸索出一种治病方法，用羊和鹿的甲状腺来医治，治好了许多人。

孙思邈一心一意用自己的医术为人们治病，只要病人有一丝希望，他是从来不放弃的。有一天，孙思邈在路上看到四个人抬着一口棺材往野山走去，棺材底下的缝里滴着鲜血。他问道："这里面的人怎么死的，死了多少时间了？"人家告诉他，棺材里是一个难产而死的产妇，死了有几个时辰了。孙思邈让他们把棺材放下，说："看血的颜色，或许还有救，快把盖子打开吧。”大家对孙思邈很信任，就一齐动手打开了棺盖。孙思邈摸了产妇的脉象，选好一个穴位给她扎针。时间不长，一个婴儿呱呱落地了，产妇也醒了过来。孙思邈一针救了母子两条命。

孙思邈高尚的医德和高超的医术传到了唐太宗的耳朵里，唐太宗把他召到京师，要他担任谏议大夫。唐太宗虽然是个明君，但孙思邈还是谢绝了，因为他不想做官。尽管那时孙思邈已是90岁的高龄了，他还是不辞辛苦，在民间为黎民百姓治病。他把自己的研究成果和治疗经验加以整理，写出了两部药学巨著《千金要方》和《千金翼方》。“药王”的美称也从此载入了史册。

我要站在奥斯卡的舞台上

一天，一个14岁的少女得到了她父亲最好的朋友冈纳叔叔送给她的珍贵礼物——一本羊皮封面的厚厚日记本，上面烫着她的名字，还带有一把钥匙和一把锁。她决定把自己的理想和追求记在上面。她在日记上写下了这样一段话：“我幻想着有一天，我站在奥斯卡剧院的舞台上，观众坐在那里，凝望着新的萨拉·伯恩哈特（一位驰名欧美的法国女演员）。”从此，这一志向成了催她猛进的动力源泉。

她3岁丧母、13岁丧父，由叔叔婶婶抚养长大。他们不同意她当演员。为了实现自己的理想，她坚定地选择了艺术的道路。17岁考入斯德哥尔摩女子艺术学校，19岁拍摄了第一部影片《僧桥伯爵》之后，她陆续在一些瑞典、美国影片中扮演角色，23岁时，步入世界著名影星的行列。

她始终不忘自己最初的志向，以狂热的精神献身于影剧事业。她说：“如果不让我表演，我一定活不下去。”演《战地钟声》中玛丽亚这个角色时，导演说得把头发剃掉，她大声回答：“为了演这个角色，要我把头割掉也行。”

她为了实现自己的理想，勤奋刻苦地进行着探索。当初，她从瑞典来到好莱坞，为了学习美国语音，她每晚去看戏，仔细倾听演员的每一个发音。在她已经誉满影坛之后，仍然坚持一遍一遍试镜头，即使导演已经满意，她还要求重拍一次。话剧《忠贞之妻》在伦敦已经上演8个月，可最后一场演出之前，她还在和导演热烈讨论表演有哪些可以改进之处。

她就是这样精益求精、不断进步，拍出了《卡萨布兰卡》《煤气灯下》《圣女贞德》《爱德华大夫》等50部电影。第一个获得美国电视方面的最高荣誉奖艾美奖，3次获得奥斯卡金像奖，成为光芒四射的电影明星。她，就是现代著名电影演员英格丽·褒曼。

立志是成功大门的抓手

LIZHI SHI CHENGGONG DAMEN DE ZHUASHOU

人生在世当立高远之志

一个人能否在这个世界上干一番事业，往往与他们的志向有很大的关系。只有那些有非凡之志的人才能做出非凡的事业。

以前，鹰和鸡生长在同一个家庭，当时群禽争斗，鹰和鸡备受外来欺负，他们找到了凤凰，要求学艺。

凤凰教道："学艺是一件很辛苦的事情，但万事开头难，只要端正你们的心态，勤奋苦练，像我一样在天空中飞翔也不是一件很难的事。"

鹰听了教导，暗下奋斗决心。

每天一大早鹰就起床，背驮几十斤的重物腾空飞跃，用鹰爪和鹰嘴在巨石上来回摩擦，以至于血流如注也不顾。

鸡听了教导，不以为然，认为凤凰自视清高，它的飞翔本领是天生的，学艺像它那样飞翔成功是天方夜谭，但又担心凤凰说自己吃不得苦偷懒。

怎么办呢？

每天，当鹰一大早去练功，它便呼呼地跑上山头"呜呜"地叫几声，以示自己也起得早；当鹰每次去练爪功，它也用嘴啄着小石头玩，以示自己在刻苦学艺。

三年过去了，鹰越来越强壮有力，扇动翅膀能腾空飞翔，挥动爪子能抓起一只山羊，用其利嘴能啄死一条蛇；而鸡，只能在逼急时飞十来米远，其爪只能踩死蚂蚁，其嘴只能啄死蚯蚓。当然，鹰脱离了鸡群，而鸡瘦弱的身体也只能靠人类保护。

鹰能够学艺成功是它有一个端正的心态，勤奋刻苦，而鸡从一开始就认为学艺是很难的事情，所以他整个学艺的过程只是在走过场。

有志者事竟成。这话说得很好，古今中外在任何方面经过艰苦奋斗而成功的英雄豪杰都可以做例证。

人为的事实都必基于理想，没有理想决不能成为人为的事实。譬如登山，先需存念头去登，然后一步一步地走上去，最后才会到达山顶。如果根本不起登的念头，登的事实自无从发生。这是浅例。世间许多人之所以浪费了他们的生命，就因为他们对于自己应该做的事不起念头。这就是所谓“消沉”“无志气”。

“有志者事竟成”的“志”字有几种意义：一是念头或愿望；一是起一个动作时所存的目的；一是达到目的的决心。好比登山，必须先要有登的念头，再一步一步地走下去，而这走必须要以登为目的，路也许长，障碍也许多，需抱定决心，不达目的不止，然后登的愿望才可以实现，登的目的才可以达到。“有志者事竟成”的“志”须包含这三种意义在内：第一要起念头；其次要认清目的和达到目的之方法；第三是要有必达目的之决心。很明显的，要事成，其难不在起念头，而是目的之认识与到达目的之决心。

立志要立切实可行之志

有些人误解立志只是起念头。一个小孩子说他将来要做大总统，一个乞丐说他成了大阔佬要砍他仇人的脑袋……这些都是完全不思量达到这种目的所必需的方法或步骤，更不抱定用这方法或步骤去达到目的之决心，这只是狂想，不能算是立志。世间有许多人不肯学乘除加减而想将来做发明家，不学军事、不当兵打仗而想做大元帅东征西讨，不切实培养学问技术而想将来做革命家改造社会，都是犯这种狂妄症的毛病。

如果以起念头为立志，有志者事竟不成之例甚多。愚公尽可移山，精卫尽可填海，而世间确实有不可能的事情。我们必须承认“不可能”的真实性。所谓“不可能”，就是俗语所谓“没有办法”，没有一个方法和步骤去达到所想的目的。没有认清方法和步骤而想达到那个目的，那只是痴想而不是立志。志就是理想，而志应是可实现的理想。理想一般有两种意义：一是“可望而不可攀，可幻想而不可实现的完美”，比如许多宗教都以长生不老为人生理想，它成为理想，就因为事实上没有人长生不老；另一意义是“一个问题的最完美的答案”，或是“可能范围以内的最圆满的解决困难的办法”，比如长生不老虽非人力所能达到，而强健却是人力所能达到的，就人的能力范围来说，强健是一个合理理想。这两种意义的区别在于一个蔑视事实条件，一个考虑事实条件；一个渺茫无稽，一个有方法步骤可循。严格地说，前一种是幻想、痴想，而不是理想，是理想都必顾到事实。在理想与事实起冲突时，错处不在事实而在理想，我们必须接受事实，理想与事实背道而驰时，我们应该改变理想。坚持一种不合理的理想至死不变只是匹夫之勇。笔者特别着重这一点，因为有些人在盲目地推崇坚持理想，许多人在盲目地听信。

我们固然要立志，同时也要度德量力。卢梭在他的教育名著《爱弥儿》里有一段话，大意是说人生幸福起于愿望与能力的平衡。一个人应该从幼时就学会在自己能力范围以内起愿望，想做自己所能做的事，也能做自己想做的事。这番话出自浪漫色彩很深的卢梭尤其值得我们体味。卢梭自己有时想入非非，因此吃过不少的苦头，这番话实在是经验之谈。许多烦闷，许多失败，起于想做自己所不能做的事，或是不能做自己想要做的事。

志气成就了许多人，志气也毁掉了许多人。既是志，实现必不在目前而在将来。许多人拿立志远大当借口，把目前应做的事延宕贻误。尤其是青年们喜欢为遥远的未来设想一个黄金时代，把希望全寄托在那上面，终日沉醉在迷梦里，让目前宝贵的时光与机会错过，徒贻无穷之悔。笔者自己从前有机会学希腊文和意大利文时没有下手，买了许多文法读本，心想到四十岁左右时当有闲暇岁月，许我从容自在地自修这些重要的文字，现在四十几年过去了，看来这一生似不能与希腊文和意大利文有缘分了，那箱书籍也恐怕只有摆在那里霉烂了。这只是一例，生平有许多事叫我追悔，大半都像这样“志在将来”而转眼即过去了。所谓真正立志，不仅要接受现在的事实，尤其要抓住现在的机会。如果立志要做一件事，那件事的成功尽管在很远的将来，但那件事的发动必须就在目前。想到应该做，马上就做，不然，就不必发下一个空头愿。发空头愿成了一个习惯，一个人就会永远在幻想中生活，成就不了任何事业。

有志者事竟成

戴摩西从小就希望自己成为一个伟大的演说家，但由于先天口吃，连话都说不清，甚至常常连一个字音都发不清楚。

他虽然年纪小，但对事情却很有见解。先天的缺陷并没有使他堕落，而是让他更加下定决心去完成自己的理想。有志者事竟成，有了目标就有了奋斗的动力。为了克服口吃，他常常将石子放在嘴里，跑到大海边练习，石子将舌头磨出了血，他也要继续。不管是吃饭喝水，他都不停止。舌头的疼痛令人难以忍受，但他仍坚持天天练习，后来他真的克服了口吃的毛病。

由于他专心、勤奋、刻苦、从不认输的精神，在经历了一次又一次失败后，他终于成为了一个伟大的演说家。

罗马著名的雄辩家昆提连说：“演讲家是一个精于讲话的好人。”他说的“好人”便是真诚与性格。摩根也说，性格是获取听众信任的最佳途径，同时也是获取听众信心的最佳途径。

亚历山大·伍科特说：“一个人说话时的那种真诚，会使他的声音焕发出真实的光彩，那是虚伪的人所假装不了的。”

当我们谈话的目的是说服听众时，就更需用发自内心的真诚笃信的光辉来表述自己的意念。我们必须先说服自己，然后才能设法说服别人。

必须要有坚强的意志

意志是一个人确立自己的目标，并支配和调节其行为去实现这一目标的心理过程。吕蒙年近而立之年开始识字读书，其间艰辛可想而知，没有坚强的意志力，就不能在戎马生涯中从识字开始，进而短短数年竟饱读诗书，令人刮目相看。可见，意志的坚忍性就体现在：要想有所得，就必须要有坚强的意志，做到锲而不舍，有始有终。

三国时的吕蒙自幼丧父，家境贫寒，母亲带着小吕蒙和他的姐姐省吃俭用，艰难度日。为了改变穷困的境遇，十五六岁的吕蒙就投身军营，开始了戎马生涯。

几年的金戈铁马，出生入死，刚猛骁勇的吕蒙升任横野中郎将，过上了荣华富贵的生活。应该说，到这地步，吕蒙应当如愿以偿，心满意足了。这时发生了一件事，使他猛然惊醒。

吕蒙从小没读过书，大字不识几个，凡禀报军情都要叫人代笔。这天，孙权急着催要一份关于吕蒙防区的军务情况报告，恰巧代笔的刘文章回家奔丧去了，一时又找不到会写文章的人，急得吕蒙团团乱转，最后只好亲自骑马，日夜兼程赶到建业，当面去向孙权做汇报。

孙权一看风尘仆仆的吕蒙，大吃一惊，以为前线出了什么大事，直到问清缘由，不觉又好气又好笑，当场就开导他："你现在身居要职，光会指挥打仗是不够的，还应当好好读书，增长学问才是。"

"军务如此繁忙，哪有时间做学问。"吕蒙不以为然，脱口应道。

孙权听了很不高兴地说："我叫你读书，难道是想让你当什么专门研究经学的博士吗？我只不过是希望你多翻翻书，多知道些历史上的事情，好从中吸取些管理国家大事的经验教训。你说你事情太多，难道你比我还忙吗？我年轻的时候，把《诗经》《书经》《礼记》《左传》《国语》等书，全都阅读过了，只是没有读算卦用的《易经》。我自从掌管国家大事以来，又阅读了《史记》《汉书》《东观记》以及各家兵书著作，我深深体会到读书的益处。你这样聪明，只要好好学习，就一定有很大收获。这样的好事，为什么不干啊？你应该先读《孙子》等各家兵书，《左传》《国语》，以及《史记》《汉书》《东观记》等，都是必须阅读的。”说着，他又转向吕蒙，“就说今天的事吧，如果你会写文章，还用得着丢下防务，大老远从前线跑回来吗？”

孙权的一席话，深深地触动了吕蒙，他在离开建业之时，搜集了《左传》《国语》《史记》《孙子兵法》等许多书，全带回了军营。从此他把战场上的拼命劲又用到读书上，无论是行军打仗还是屯兵驻防，只要得一点空闲工夫，就坐下来读书，连平常骑在马上，也要反复默背章句。

几年下来，吕蒙的才干大有长进。

一天，东吴大谋士鲁肃来拜访吕蒙。鲁肃以为吕蒙只不过是一介赳赳武夫，于是便在酒筵上大谈天下事，根本不把他放在眼里。

不料吕蒙谈笑风生，居然旁征博引，一口气提出了五条对付蜀汉的计策。听得鲁肃目瞪口呆，不由得竖起大拇指，兴奋地称道：“士别三日，当刮目相看，老弟如此才识，已不是当年吴下的阿蒙了。”

不达目的决不罢休

顽强的意志和强烈的兴趣，能够克服一切困难，粉碎一切障碍，创造出有利于自我发展的学习环境。意外的打击和逆境只能使懦弱的人消沉，而顽强意志的人是永远不会被埋没的。与其说他们是天才，不如说是因为他们能够专心致志地学习，而且具备不达目的决不罢休的意志。

司马迁是西汉伟大的史学家、文学家和思想家。他写的《史记》，计130篇，约50万字，记述了从黄帝到汉武帝太初元年3000余年中的重大历史事件和杰出的历史人物，是中国第一部纪传体通史，也是光耀千古的文学著作。

司马迁幼年是在韩城龙门度过的。龙门在黄河边上，山峦起伏，河流奔腾，风景十分壮丽。司马迁常常帮助家里耕种庄稼、放牧牛羊，从小就积累了一定的农牧知识，养成了勤劳艰苦的习惯。

在父亲的严格要求下，司马迁 10 岁就阅读古代的史书。他一边读一边做摘记，不懂的地方就请教父亲。在父亲的熏陶下，他从小立志做一名史官。

由于他格外的勤奋和绝顶的聪颖，有影响的史书都读过了，中国 3000 年的古代历史在头脑中有了大致轮廓。后来，他又拜大学者孔安国和董仲舒等人为师。他学习十分认真，遇到疑难问题，总要反复思考，直到弄明白为止。

一天，快吃晚饭了，父亲把司马迁叫到跟前，指着一本书说：“孩子，近几个月，你一直在外面放羊，没工夫学习。我也公务缠身，抽不出空来教你。现在趁饭还不熟，我教你读书吧。”

司马迁看了看那本书，又感激地望了望父亲，说：“父亲，这本书我读过了，请你检查一下，看我读得对不对？”说完把书从头至尾背诵了一遍。

听完司马迁的背诵，父亲感到非常奇怪。他不相信世界上真有神童，不相信无师自通，也不相信传说中的神人点化。可是，司马迁是怎么会背诵这本书的呢？他百思不得其解。

第二天，司马迁赶着羊群在前面走，父亲在后边偷偷地跟着。羊群翻过村东的小山，过了山下的溪水，来到一片洼地。洼地的水草丰美，绿油油的惹人喜爱。司马迁把羊群赶到草地中央，等羊开始吃草后，他就从怀中掏出一本书来读，那朗朗的读书声不时地在草地上萦绕回荡。看着这一切，父亲全明白了。他高兴地点点头，说：“孺子可教！孺子可教！”

从二十岁起，司马迁开始到各地游历，考察历史和风土人情，为他日后编写史书提供了充足的史料。做太史令后，他常有机会跟随皇帝在全国巡游，又搜集了大量的历史资料，还了解到统治集团的许多内幕。他还如饥似渴地阅读宫廷收藏的大量书籍，收集了各种重要的史料。就在他写《史记》的时候，为李陵说情触犯了汉武帝，被关入监狱，判处了重刑。

司马迁出狱后继续写作，经过多年艰苦的努力，终于写成了《史记》这部巨著，对后世史学与文学都有深远的影响。

干一番宏伟的事业

肖邦出生于一个教师家庭，良好的幼年教育，使这个“神童”6 岁即会写诗，7 岁作曲，8 岁登台举行音乐会，被誉为“莫扎特的继承者”。他少年时便立志做一个大音乐家，写下了“干一番宏伟事业，做一些常人还不能做到的事”的话语。在华沙贵族的沙龙和舞厅里，他很喜欢那些庄重和欢乐的波兰舞曲，并把致力于改变这种舞曲的形式，作为实现自己理想的突破口。

1824 年的暑假，遵照医嘱，父亲送肖邦去乡下养病。没想到，就是这平凡的玛佐夫舍村，为他新的创作灵感开凿了源泉。在那里，他完成了他最偏爱的，以波兰民间音乐悦耳的音调变化为基础的《玛祖卡舞曲》。

有一天，街上走过一列被押送的囚犯队伍，他们都是反对君主政权的志士。为了用音乐来歌颂他们的精神，肖邦饱尝了创作的艰辛和喜悦。他曾撕碎过写就的纸片，折断过笔，也曾失望和恼怒地流过泪。1831 年，他到达斯图加特时，得知华沙已被俄军占领，悲痛之余，他写下了著名的《革命练习曲》。

在法国的头几年，肖邦的作品已在欧洲凯旋进军，博得了人们的高度尊重。法国音乐评论家舒曼曾激动地说：“脱帽吧，先生们！这就是天才！”

1848 年 2 月，肖邦带病举行最后一次音乐会。这次独奏音乐会，他是被人用轿子抬进演员室的。那天晚上，他好像无一点劳累的样子，演奏得扣人心弦。演出后，他像醉汉一样摇摇晃晃地走下舞台。

肖邦临终时，他深知沙俄统治下的波兰当局，是不会允许把他的遗体运回华沙的。他向姐姐请求道："至少把我的心脏带回去。"亲人和朋友们埋葬了肖邦，并把伴随他后半生的那抔故乡的泥土撒在墓中。

由中国人自己来造铁路

在北京八达岭附近的青龙桥车站，矗立着一座铜像。铜像塑造的是位60岁左右的老人，胖胖的脸上挂着慈祥的微笑。他就是当年负责建造北京到张家口铁路的总工程师詹天佑。

詹天佑是广东南海人，他小时候非常聪明，特别在数理方面很有天赋。11岁那年，父亲带他参加清政府组织的官派留学生考试，他以优异的成绩考取了。父亲高兴得流下了眼泪，一再叮嘱他要好好学习。

詹天佑在美国学了10年，学了土木工程和铁道工程两个专业。学成回国后，他决定大干一番，用自己的知识才能造福国民。

1903年，清朝政府决定修筑京张铁路。清朝时，中国的铁路公司依附于帝国主义，公司的大权控制在外国人手里。外国人把经营中国的铁路看成是有利可图的事。当修京张铁路的消息传开时，外国人你争我夺，谁都想夺得筑路权和经营权。英、俄两国吵得更厉害，非得要派自己国家的人当总工程师不可。双方僵持不让，最后怄气达成协议，说如果这条铁路由中国自己建造，那我们就不争了。

迫于这种形势，清政府才决定自筑京张铁路，詹天佑被任命为总工程师。这一来，外国人停止了相互间的争执，又把矛头对准中国工程技术人员，说什么中国人哪修得了铁路，修建这个铁路的工程师还没有出世呢，真是狂妄至极！

詹天佑早就对清政府无视中国利益、肆意出卖铁路权感到无比愤慨，坚决主张中国铁路由中国人自己来修。面对帝国主义的蔑视，詹天佑决心为中国人民争口气，把京张铁路造得让人心服口服。

他带着工程技术队，投入到紧张的选线测量工作中。为了寻找一段最佳的路线，他每天翻山越岭，迎着怒号的狂风，在悬崖峭壁上定点制图。晚上，他在简陋的工棚里认真计算和绘图。他说：“技术工作一定要求精密，不能有一点含糊和轻率，‘大概’‘差不多’这一类的话不能出自工程人员之口。”

1905 年 9 月，铁路工程正式开工。这个工程的复杂和艰巨是当时世界铁路史上少见的。最艰苦的要算中段线路南口到岔道城，这一带地形崎岖，山峦重重，地势逐步升高。要筑路必须开山填壑、开凿隧道，其中最长的八达岭隧道长达 1000 多米。那时没有开山机、抽水机、通风机等设备，这些隧道几乎都靠人工开凿。詹天佑经常和工人们一起挑水运泥，和工人们一起吃住，随时检查和指导铁路工程。

隧道打通后，詹天佑考虑到八达岭地段势险坡陡，铁轨直铺的话列车很难爬上去，容易翻车出危险，就决定从青龙桥起，傍着山腰，把铁轨铺成“人”字形。又在列车各个车厢之间设计了自动挂钩，使车厢不容易脱节。

1909 年 9 月 24 日，京张铁路全线通车，比原计划提前了两年，还节省了 28 万两银子。我国自建的第一条铁路胜利通车，大长了中国人民的志气。詹天佑在我国的铁路史上写下了光辉的篇章。

无志则不能立

有一种植物叫茑，它的身体又细又柔软，自己无法长高，只能沿着别的高大的植物往上爬。慢慢地，茑的枝叶茂盛起来，还结了不少红黑的果实。

一天，一个过路人见了茑，摘了一个果实吃。“真甜啊！长得也漂亮！”他夸茑说。茑听了十分得意。

后来，一个木匠上山砍树。他看了看被茑缠绕的那棵大树说：“这棵树做房梁正好！”说完，木匠拿出斧头，砍起树来。

“他会连我一起砍断!”茑很害怕，它想离开大树，可是它平时缠得太紧了，现在想离开也做不到了。最后大树倒下了，茑也跟着断了。

有人感叹说：“如果茑能够自己生长，就不会遭到刀劈斧砍的横祸了。”

从小立志的张仲景

1700多年前的东汉末年，张仲景诞生在南阳郡的一个大家族里。那时正是社会动乱、军阀争战的时期，加上各种自然灾害，人民的生活非常艰苦，各种瘟疫流行。张仲景家是一个有着200多口人的大家族，在不到10年的时间里，2/3的人被瘟疫夺去了性命。小仲景经常看到大人们嚎啕大哭，埋葬一个又一个的亲人。他既恐惧又伤心，小小的心灵有了强烈的愿望，长大以后要像扁鹊那样救死扶伤，给人们看病，制伏瘟疫。

从此，他努力钻研医学，拜同乡名医张伯祖为师，孜孜不倦地刻苦学习，掌握了丰富的医学知识。有一段时间，张仲景当过南阳太守，不过他认为治病救人比当官更重要，所以常常在知府大堂上为病人看病。现在好多中药店叫××堂，如同仁堂、胡庆余堂等，就是那样传下来的。后来，他看不惯官场上的腐败黑暗，就辞官回家专心研究医学，一心要制伏瘟疫。他翻遍古代医书，勤术古训，博采众方。对古人的经验和劳动人民的经验下苦功分析验证，根据自己的看病实践，逐渐掌握了“辨证论治”医治瘟疫的方法。

一年夏天，湖南一带瘟疫流行，有个伤寒病（指霍乱、痢疾等传染病）患者头痛发烧，肚子胀得像面小鼓，吃了发汗药不见好转，家人请来了张仲景。张仲景观察病人情况后，认为病在表皮时用一般的发汗药能治好，现在他的病已经到了身体内部，再用发汗药就会引起虚脱。他根据自己的分析开了药方，病人很快得到了好转。就这样，张仲景在瘟疫流行期间，用“辨证论治”的方法，挽救了许多人的生命。

张仲景在治病的实践中，不断总结和创造，不但摸索出了“辨证论治”

的治疗原则和方法，还发明了许多具体有效的医疗技术。

有一次，有个人上吊自杀，被人救下来时，已经没气了。大家以为他已救不活，就找来一口棺材，准备把他装到棺材里埋掉。当时，张仲景正好路过，他想，这个人虽然没气了，但也许是憋昏了，说不定还可以救活。怎么救呢？他想起对落在水里淹昏的小猪，农民有一种救活的办法，这个办法是不是可以用来试一试呢？于是，他叫人把上吊的人放到床板上，让两个人分别把“死人”的两只胳膊抬起放下，连续运动。他自己用手掌在“死人”的胸脯上压一下又松一下，和抬胳膊的两个人配合动作。这样连续做了好一会儿，那个人慢慢地有了呼吸，最后活了过来。

张仲景抢救上吊的人的方法，其实就是现在的“人工呼吸法”。这种方法，在许多情况下都能起到急救的作用。

张仲景不但善于吸取前人和旁人的经验，而且还很重视医疗经验和治疗技术的传播。他写过好多书，其中最有名的是《伤寒杂病论》。后人把它分成了两部，一部叫《伤寒论》，一部叫《金匮要略》。这两部书一直流传至今。张仲景的这两部著作，奠定了中医治疗学的基础。现在它们仍然是学习研究中医理论和临床治疗的重要典籍，有很高的实用价值，被世界医学界视为金科玉律。

为东渡不惜生命

鉴真（688—763年），是我国唐代的高僧。在中日文化交流史上，他是一位值得纪念的光辉人物。鉴真，俗姓淳于，出生于扬州江阳县，14岁在扬州大云寺出家为沙弥。青年时，他托钵远游，曾在洛阳、长安的寺院里，师从名师攻读佛教经典。他在佛学上造诣很高，尤其对佛教的律宗和天台宗有较深的研究。从26岁起，他开始在扬州大明寺讲经布道，传授戒律。据《法务赠大僧正唐鉴真过海大师东征传》记载，在唐开元天宝年间，“淮南江北持净戒者，唯大和上独秀无伦，道俗归心，仰为受戒大师”。在他座下，名徒辈出。

唐帝国是当时亚洲的政治、经济和文化中心。位于长江和大运河之交的扬州，不仅是中国南北交通的要冲，也是中外经济文化交流的枢纽。鉴真所处的时代和环境，使他具有丰富的国际知识和远大的眼光。在他看来，向外宏布佛法，是一个佛教虔诚信徒的应尽义务。而包括日本在内的东亚各地的佛教僧侣，也知道鉴真和尚是“郁为一方宗首”的著名高僧。

大化改新前后，日本在经济、政治、文化上都迫切需要向中国学习。7世纪以来，日本一次又一次地派出遣隋使和遣唐使，基本上都是抱着学习交流的目的而来的。学习中国的佛法，是使团的任务之一。天皇政权出于维护封建统治的要求，大力兴建寺院，推广佛教。而佛教的传播，又是日本吸收外国文化，特别是吸收中国文化的重要渠道。8世纪上半期，佛教传入日本已有近200年的历史，僧侣人数，也日益增多。但是，由于僧尼应该遵守的清规戒律，尚未制订，佛教徒中存在的放任自流状态，已成为日本佛教发展过程中的重大问题。733年，日本政府派遣的第九次遣唐使中，有几个留学僧（其中的荣睿、普照）就是奉敕入唐，寻访精通戒律的高僧东渡传戒的。

荣睿、普照跑遍唐朝的东西两京，访师问道。742年，他俩赶来扬州求见鉴真。为了发展祖国的佛教文化，邀请名师传经讲道的两个日本僧侣，与决心献出余生东渡传法的55岁的鉴真的会见，是中日文化交流史上壮丽的一幕。会见中，随侍鉴真的有30多个及门弟子。荣睿对鉴真说，“佛法东流至日本国，虽有其法，而无传法人。”他吁请鉴真派弟子“东游兴化”。鉴真深感中日两国虽“山川异域”，而“风月异天”。他下定决心，东渡传法。他问众弟子，谁愿去日传法？弟子们的回答是沉默。弟子祥彦表白说：“彼国太远，生命难存，沧海淼漫，百无一至。人生难得，中国难生，进修未备，道果未到。是故众僧咸默无对而已。”可是，这位高僧却坚决地说：“为是法事也，何惜生命？诸人不去，我即去耳。”在鉴真的决心的感召下，21个弟子决定跟他同到日本去。

为了实现壮志宏愿，不惜牺牲个人的一切，始终坚持百折不挠的精神，鉴真就是这样的人。他在东渡传法中，遇到重重的阻碍、磨难和挫折。唐朝的官府留住他，鉴真的子弟和扬州寺院的僧侣劝阻他，鉴真并不理会这些阻难。可是，在当时的交通条件下，去日本途中，风急浪高，海道艰险。从742年以后的七八年中，鉴真一行先后东渡5次，结果都失败了。一次，他们的乘船被恶风猛浪击破，又一次，险礁撞沉了他们的船只。第五次(748年)，61岁的鉴真一行35人，乘船出海，遇暴风把船只吹到南海，在海南岛西南端登陆。在此后的3年时间里，鉴真一行，从海南经广东、广西、江西，循长江而下经南京回到扬州。长途跋涉的困顿，炎热蒸闷的气候，不断折磨这一群僧侣。鉴真的弟子祥彦和日本僧人荣睿，在旅途中因病去世。鉴真也因暑毒入眼，双目罹疾，终至失明。753年，日本遣唐大使归国。归国前他面谒鉴真，邀请赴日传法。鉴真欣然允诺，率领随侍弟子僧侣等共24人，作第六次越海赴日的壮行。754年2月，他们到达了日本首都奈良，受到日本朝野的盛大欢迎。当时鉴真双目失明，年已67岁。

鉴真在日本11年，他和他的弟子法进、思托、如宝、昙静、义静等，做了大量影响深远的工作。他设坛授戒，讲学传经，座下弟子常满3000人。他是日本佛教律宗的开创人，对日本天台宗的兴起，也给予直接的影响。他为日本僧侣确立戒律的律仪。日本奉鉴真为律宗第一代祖，法进、如宝为第二、第三代祖。日本天台宗的创始人，著名的佛教大师最澄，在入唐学习前，曾受教于鉴真及其弟子。在日本，上至天皇，下及僧俗佛教信徒，敬礼鉴真，从未稍衰。在当时，他成为日本佛教徒的组织者和导师。

鉴真在日初住东大寺，5年后，在鉴真及其弟子主持下，新建唐招提寺。由鉴真弟子如宝、思托、法进、昙静等亲自设计的唐招提寺，其规制取法当时中国佛教寺院。它庄严大方，雄伟壮观，在日本建筑史上别开新貌，对日本佛教建筑艺术产生巨大影响。唐招提寺内的金堂和当时塑造的许多佛像，迄今尚存。这些佛像形态上的厚实、稳重、庄严、丰满，制作方法上的干漆法，成为日本一代雕塑艺术的巨大成就。寺内的鉴真和尚坐像，是思托创制的。从坐像魁梧的身材，端正大方的仪容，开阔的额门，清秀的五官，可见鉴真坚强刚毅的意志，深沉厚实的个性。长期以来，日本人民以唐招提寺的建筑和佛像作为他们珍贵的国宝。

鉴真及其子弟以汉语讲经，思托、法进等人擅长诗文。这些，对促进中日语言文学的交流很有作用。鉴真精于医药，熟悉药性，能以鼻代目，鉴别药物。他曾治好日本圣武天皇皇后的疑难病症，遗有《鉴真上人秘方》于世。日本医道，奉祀鉴真遗像，尊为祖师。鉴真在日本，主要是传播佛法，同时也传播了中日人民友谊的种子，加强了中日之间的文化交流。763年鉴真逝世，日本僧俗同声悼念。次年，日本遣使到扬州诸寺通报鉴真去世的消息，扬州所有寺院僧众都服丧服，面东3日，以志哀悼。

定要走遍五岳九州

徐霞客是我国明朝末年著名的地理学家，也是一个出色的旅行家。他出身富裕，家里有大批的良田和奴仆。徐霞客虽然生长在这样一个封建地主家庭，却没有染上官宦气。从幼年开始，他就厌烦官场那一套。他努力学习，但不读空洞陈腐的八股文，而喜欢读历史、地理和旅游探险这一类书。有一次，他坐在窗前的丁香树下读书，读着读着，忽然咯咯地笑出声来。母亲好奇地问："笑什么呀?"他回答说："书上说有个学者的志向很大，天下有九州他要走遍八州；有五岳，他要登上四岳。依我看，他的志向还不大。要是我，非走遍九州，登遍五岳不可。"那时，徐霞客才10岁，却已经立下了要走遍五湖四海考察祖国地理面貌的志向。

从22岁起，徐霞客正式开始进行旅行考察。在前后34年的时间里，他长年与山水为伍，同云霞作伴。东到普陀、西至腾冲、北达盘山、南临崇左，足迹踏遍了15个省区。当时没有什么交通工具，他长途跋涉全靠两条腿；也没有任何科学仪器，考察的方法非常原始。他在旅途中历经千辛万苦，碰到了无数次的艰难险阻。

有一次，他在广西境内考察水道，由于不适应那儿潮湿闷热的气候，和同伴两人都病倒了，一连好些天高烧不退。一天早晨，当他从迷糊中醒来，发现同伴已经去世了。徐霞客从病魔中挣脱出来，埋葬了同伴的尸体又孤身一人穿行在南方的山山水水中。

徐霞客所到的地方，多是人迹稀少的穷乡僻壤，所考察的主要是陡峭的山峰和急流峡谷。有时为了攀登悬崖峭壁，他像猴子那样攀藤附葛；为了探测深邃的山洞，他经常伏地爬行。有一次，在考察雁荡山时，他看到峰上的一块大石头好像劈开了，就想顺着石壁下去看看。石壁跟刀背一样，怎么下呢？他把包脚布解下来，系在一起连成一条带子，上头拴在一棵大树上，两手抓住带子的另一头往下垂落，下到石壁下的台阶上。下去后，却发现台阶很小，仅有落脚的地方，再往下就是万丈深渊了。由于无路可走，只好再爬上去。当他抓着带子刚刚登上悬崖，带子就被岩石磨断了，他险些跌下万丈深渊送掉性命。

在整个考察过程中，他曾几次陷于绝境。一次在湘江乘船时，一群强盗把他的行李和旅费抢劫一空，他跳到水里才得以逃命。他 4 次断粮，只好靠卖衣服维持，或采些野果充饥，但徐霞客从来没有被困难吓倒过。

通过艰苦地考察，徐霞客取得了许多重大的成就。例如，他指出长江的源头是金沙江，纠正了源头在岷江的说法；他提出形成石灰岩地貌的重要原因是由于水的作用，成为世界上第一个对石灰岩地貌进行科学分析的人。他的考察内容很广泛，包括各种地理现象，如山脉、河流、岩石、土质、水源、气候等。

难能可贵的是，在长达 34 年的考察中，徐霞客不管多么劳累，晚上都要点起油灯，把当天的经历和收获记录下来，后来整理成为一部地理考察专著——《徐霞客游记》，为后人留下了珍贵的地理资料。

做为人治病的医生

李时珍出生在一个世医家庭，他的爷爷、父亲、哥哥都是医生，家里有不少医学和药学书。小时候，李时珍的身体很弱，经常咳嗽发烧，疾病总是缠绕着他，父亲为他的身体没少费心。经过父亲的细心调理和治疗，他的身体才慢慢好起来。所以，李时珍从小就对疾病的痛苦有着深深的体会。他想，自己长大以后，也要像父亲、哥哥一样，当医生为人治病。于是，他平时处处留心学习医学知识，经常帮助父亲上山采药，抄写药方。

当时，医生被人看作是没出息的职业。许多人都走参加科举考试做官的道路，李时珍的父亲也希望自己的这个儿子能读书做官。于是，他平时对儿子严格要求，经常督促儿子读经书，作八股文。

可李时珍对读书做官这一套根本不感兴趣，对枯燥的八股文更是厌恶，他的兴趣全在植物、动物和草药上。有一次，小时珍又在家里整理他新采来的药材，地上铺满了新鲜的药草，还有各种各样的虫子，李时珍拿着剪子忙着剪草根，掐翅膀，去毒性。当他忙得正欢时，父亲回来了，一看这阵势，他恼火得很，大声地责备儿子说："叫你读书你不读，偏要摆弄这虫虫草草！这样下去，怎么能做官呢！"李时珍回答说："我只是不愿读那些八股文，我爱读的是医学书。我不要做官，我要做医生，为人治病不是很有意义的事吗？"父亲看他态度坚决，也就只好摇摇头不再勉强他了。李时珍后来果然不求功名，走上了终生从医的道路。

李时珍立志行医后，父亲就认真地教他学做医生的本领。由于他从小有这方面的基础，20岁以后就开始独立行医。他给人看病时，处处替病人着想，尽量使病人少花钱而治好病。经过几年的刻苦努力，李时珍的医术大大提高，名气也越来越大，连皇上都知道了，后来他被推荐到了太医院。

在太医院，李时珍的眼界更加开阔，他又读了不少的书，看到了全国各地许多奇异的药材。早在民间行医时，李时珍就听说过有病人由于吃错药而死的事情。他也发现好些药物书并不完全可信，例如药书上说柴胡、麦冬可以润肺，但自己咳嗽时用这些药却没有效果，改用黄芩才治得好，而药书上却没有提到黄芩。在太医院里，这一类的事他看得更多了。李时珍觉得应该重新修订一本药书，要不然还会有许多病人因为得不到正确的药物治疗使病情加重，甚至因用错药而丧生。

为了编写准确的药学书，李时珍辞去太医院的工作，放弃优厚的待遇，回家了。

经过一段时间的准备，李时珍开始编写《本草纲目》。在几十年的时间里，他的足迹踏遍了湖北、河南、河北、安徽、江苏、江西等地，考察了各地特产、药物，采集了许多有价值的标本。在万余里的行程中，访问了千百个老农、渔夫和猎人，搜集了很多民间的有效药方。在确定草药的药性和作用时，他冒着生命危险，尝遍了百草。

1578 年，经过 27 年的辛勤劳动，凝结着李时珍一生心血的药物学巨著《本草纲目》终于完成了。《本草纲目》成书后，很快便在全国流传开来。后来，又被译成多国文字，传到了世界各地，人们称它为“东方医学巨典”。

学习是通向成功的阶梯

XUEXI SHI TONGXIANG CHENGGONG DE JIETI

人活着就要不停地学习

人活着就要不停地学习、工作和斗争，这样才无愧于美好的人生。

曾经有人问孙中山在革命之外还有没有别的嗜好，他说："我一生的嗜好，除了革命之外，只有好读书。我一天不读书，就不能够生活。"

孙中山先生的手里，经常拿着书，不论政治、经济、历史、地理、自然科学、文学、哲学或其他各种书刊，他都喜欢阅读。

孙中山阅读书籍时，经常写札记，即使再忙，书本上也要写眉批。陈炯明炮击总统府后，他的书籍几乎全部毁于炮火，也有少量散失。一位收藏过孙中山书籍的友人说，他有一册孙中山先生读过的《大学》，书头上有不少孙中山先生的亲笔批注。由此可以看出，孙中山先生作为伟大的革命家和政治家，对祖国的传统文化是极其珍视的。

无论何时何地，孙中山身边总带着他心爱的书。

孙中山先生在英国伦敦流亡的时候，他的生活十分困难。有一次，他连吃饭的钱也用完了，在伦敦的一些中国留学生，凑了三四十英镑送给他。隔了三天，这些留学生到孙中山住的地方来看他，按了很久的门铃，却听不到里面的回答。原来孙中山正在屋里专心读书，连门铃的声音也没听见。

即使生活再困苦，孙中山先生还是用他仅有的一些钱来买书。有卢梭的《民约论》《富兰克林自传》《拜伦诗选》，还有许多关于英国资产阶级革命、法国资产阶级革命的书籍。

有一个留学生有点沉不住气问道：“孙先生，上次送给你的英镑差不多都花在买书上了吧？”

孙中山先生微笑着说：“应该谢谢你们，你们赠送的金钱，我还留着一部分。”

孙中山先生唯恐大家不放心，就进一步解释：“不要紧，生活苦一点没有什么，两个小面包，也可以当一顿饭。我这个人的确有些奇怪，一两顿饭吃不吃倒不在乎，可是不看书就受不了啦。”

学习犹如逆水行舟

要想真正学到知识，决心、信心、恒心是必不可少的。虽然各人的智力不同，基础有别，但这只不过是前进的速度不等而已，并不等于基础差、智力弱的人不能到达目的地。学习犹如逆水行舟，不进则退，唯有持之以恒者，方有希望到达目的地。

晋代的大文学家陶渊明隐居田园后，某一天，有一个读书的少年前来拜访他，向他请教求知之道，看看能否从陶渊明这里讨得获得知识的绝妙之法。

见到陶渊明，少年说：“老先生，晚辈十分仰慕您的学识与才华，不知您在年轻时读书有无妙法，若有，敬请授予晚辈，晚辈定将终生感激！”

陶渊明听后，捋须而笑道：“天底下哪有什么学习的妙法？只有笨法，全凭刻苦用功、持之以恒，勤学则进，怠之则退。”

少年似乎没听明白，陶渊明便拉着少年的手来到田边，指着一棵稻秧说：“你好好地看，认真地看，看它是不是在长高？”

少年很是听话，怎么看，也没见稻秧长高，便起身对陶渊明说：“晚辈没看见它长高。”

陶渊明道：“它不长高，为何能从一棵秧苗，长到现在这等高度呢？其实，它每时每刻都在长，只是我们的肉眼无法看到罢了。读书求知以及知识的积累，便是同一道理！天天勤于苦读，也无法发现今天就比昨天的知识要多，但天长日久，丰富的知识就装在自己的大脑里了。”

说完这番话，陶渊明又指着河边一块大磨石问少年：“那块磨石为什么会有像马鞍一样的凹面呢？”

少年回答：“那是磨镰刀磨的。”

陶渊明又问：“具体是哪一天磨的呢？”

少年无言以对，陶渊明说：“村里人天天都在上面磨刀、磨镰，日积月累，年复一年，才成为这个样子，不可能是一天之功啊，正所谓冰冻三尺，非一日之寒！学习求知也是这样，若不持之以恒，每天都会有所亏欠的！”

少年恍然大悟，陶渊明见此子可教，又兴致极好地送了少年两句话：勤学似春起之苗，不见其增，日有所长。辍学如磨刀之石，不见其损，日有所亏。

学习要做到专心致志

学习要专心致志，聚精会神。即使拥有高智商和好老师，但是如果学习三心二意，也将一无所获。

战国时期，齐王拿不出好的办法来治理齐国，齐国不如以前那么强盛了，有人说：“大概是齐王的天资不够聪明吧！”

孟子听说后，就从植物生长的规律对这件事情进行分析。他解释道：“植物的生长，需要温暖的阳光而害怕寒冷的气候。如果在阳光下晒它一天，在寒冷的空气里一连冻它十天，即使是天下最容易生长的植物，也一定长不起来，这就是‘一曝十寒’的道理。”接着，他又对怀疑齐王不聪明的人说：“你不要怀疑齐王不够聪明，我和齐王见面的次数太少了。我偶然见他一次，等我离开以后，别人就连续到来。他像植物一样被寒冷的空气包围着，被火热的太阳炙烤着，他虽有成长的希望，结果还是长不成，这不能说他天资不聪明。”

随后，孟子就人的天资聪明不聪明的问题，讲了下面一则寓言故事：从前，有一个叫秋的下棋能手，人们都称他为弈秋。他的棋艺在全国是独一无二的，非常高超，大大小小的比赛，他从来没有输过。

久负盛名的弈秋认为如果自己死了，就没有人再掌握这些高超的棋艺，实在是太可惜了。于是就招收了两个徒弟，要把自己的高超棋艺传下去。

下棋是一项脑力劳动，需要天资聪明、头脑灵活。在招收徒弟时，弈秋对要来学棋的人举行了智力测验，从计算能力、理解能力、反应能力、应变能力等方方面面进行考察。

考试非常严格，经过层层筛选，最后选出了两名智商最高的人收为徒弟，其他的人都被淘汰了。

有幸成为全国闻名棋手弈秋的徒弟，被选上的两个人别提有多高兴了。能选出智商最高的人为徒弟，弈秋也十分高兴。举行过拜师仪式之后，弈秋开始教两名徒弟学棋。

这两个徒弟的智商旗鼓相当，但是学习态度却完全不一样。其中一个徒弟专心致志，集中精力听弈秋讲课。另一个徒弟虽然也坐在那里听弈秋讲课，可是他的心早就溜走了。他心里惦记着天空飞翔的鸿雁，考虑怎样用弓箭把它射下来。弈秋讲课的内容，他根本没有听进去。

结果，两个人的学习效果也是大不相同：前一个徒弟成了弈秋棋艺的传人，后一个徒弟什么也没学会。

勤学好问的华佗

虚心使人进步，骄傲使人落后。一个人在生活中放低姿态，仰视别人，认真观察和学习对方的优点，才能以人之长补己之短，不断增长自己的才干。

华佗是汉代著名医学家。他精通内、外、妇、儿、针灸各科，对外科尤为擅长。

华佗成了名医以后，来找他看病的人很多。

一天，来了一个年轻人，请华佗给他看病，华佗看了看说：“你得的是头风病，药倒是有，只是没有药引子。”

“得用什么药作药引子呢?”

“生人脑子。”病人一听，吓了一跳，上哪去找生人脑子呢？只好失望地回家了。

过了些日子，这个年轻人又找了位老医生，老医生问他：“你找人看过吗?”

“我找华佗看过，他说要生人脑子做药引子，我没办法，只好不治了。”

老医生哈哈大笑，说：“用不着找生人脑子，去找十个旧草帽，煎汤喝就行了。记住，一定要找人们戴过多年的草帽才顶事。”

年轻人照着去做，果然药到病除。

有一天，华佗又碰到这个年轻人，见他生龙活虎一般，不像有病的样子，于是就问：“你的头风病好啦?”

“是啊，多亏一位老先生给我治好了。”

华佗详细地打听了治疗经过，非常敬佩那位老医生。他想向老医生请教，把他的经验学来。他知道，如果老医生知道他是华佗，肯定不会收他为徒。

于是，他装扮成一名普通人的模样，跟那位医生学了三年徒。

一天，老师外出了，华佗同师弟在家里拣药。门外来了一位肚子像箩、腿粗像斗的病人。病人听说这儿有名医，便跑来求治。

老师不在家，徒弟不敢随便接待，就叫病人改天再来。病人苦苦哀求道：“求求先生，给我治一下吧！我家离这儿很远，来一趟不容易。”

这时，华佗见病人病得很重，不能迟延，就说：“我来给你治。”

说着，拿出二两砒霜交给病人说：“这是二两砒霜，分两次吃。可不能一次全吃了啊！”

病人接药，连声感谢。

病人走后，师弟埋怨道：“砒霜是毒药，吃死了人怎么办？”

“这人得的是鼓胀病，必须以毒攻毒。”

“治死了谁担当得起？”

华佗笑着说：“不会的，出了事我担着。”

那个大肚子病人拿药出了村外，正巧碰上老医生回来了，病人便走上前求治。老医生一看，说道：“你这病容易治，买二两砒霜，分两次吃，一次吃有危险，快回去吧！”

病人一听，说：“二两砒霜，你徒弟拿给我了，他叫我分两次吃。”

老医生接过药一看，果然上面写得清楚，心想：“我这个药方除了护国寺老道人和华佗，还有谁知道呢？我没有传给徒弟呀？”

回到家里，问两个徒弟：“刚才大肚子病人的药是谁开的？”

徒弟指着华佗说：“是师兄。我说这药有毒，他不听，逞能。”

华佗不慌不忙地说：“师傅，这病人得的是鼓胀病，用砒霜以毒攻毒，病人吃了有益无害。”

“这是谁告诉你的？”

“护国寺老道，我在那儿学了几年。”

老医生这才明白过来，他就是华佗，连忙说：“华佗啊！你怎么到我这儿来当学徒啊？”

华佗只好说出求学的理由。

老医生听完华佗的话，一把抓住他的手说：“你已经名声远扬了，还到我这穷乡僻壤来吃苦，真对不起你呀！”

老医生当即把治头风病的单方告诉了华佗。

在学习中不要轻易满足

一位西方学者说：“天才意味着心智的光芒集中在某些特殊的焦点上，

并且不断进取，永不满足。”在学习中不要轻易满足，要努力追求“百尺竿头更上一层楼”的境界。

福建宁化人黄慎，少时跟同郡的一位老画家上官周先生学画，他学得很认真，心灵手巧，经过一段时日，就将上官周画花鸟、山水、楼台的艺术技巧与精神实质都学到手了，且画得很好。

人家称赞他已学到家了，他自己却觉得不满足，好像是缺少了一点什么很要紧的东西，认为自己还不是称职的学生。

有一天，他又捧着先生上官周的名画，看着看着，整个精神都集中在上面，忽然叹起气来，说：“吾师上官周先生技绝，我难以与老师争名啊！但一个有志气的少年应当自立，我黄慎岂肯永远居在人后!”

他像发了疯病似的，忘了早晨与黄昏，忘了饱饿与冷热，好几个月都在思索着这个问题，但就是找不到一条新的路径。

上官周知道了学生的苦闷，就启发黄慎多读多看。黄慎听了老师的指点，书法学怀素，诗仿金元，画摹天池，博览百家作品。但到了他自己作起画来，却觉得画中处处有别人痕迹，还是闯不出自己的路。他展不开眉，舒不了心。

有一天，上官周忽然问黄慎：“你读过张钦的诗吗?”

黄慎说：“先生，学生读过了。”

但过后想想：“先生问我这话总有道理。”于是，就再细读张钦的诗，才知张钦诗中有画，所以诗的意境很美。他不禁问起自己来：“黄慎黄慎，张钦诗中有画，你黄慎画中要不要有诗?”

一时他不能明确回答这个自己提出的疑问。

他上街，在街道上走着想着，想着走着，终于领悟到：“上官周先生的画，张钦的诗，怀素的字，他们都有自己的艺术特色，但我黄慎又怎样呢?”这样，豁然开朗，眼前天地开阔了。他匆匆忙忙地跑进最近的一座店铺中，向店老板借了纸与笔墨砚台，就在店堂的案桌上面挥起画笔，画起他心中的那些美妙的东西。

黄慎这个稀奇古怪的举动，惊动了店里的老板和伙计，更招引得过路的人们进店堂来看个究竟，不久，店堂里外站满了看画画的人。

黄慎好像没有看见一个人，只专心致志地挥着他的画笔。画好了，笔一掷，忽然拍着案桌大叫起来："我得到了！我得到了！"

围观的人们听不懂怪画家的怪话，只望着他作的画，画面上笔墨不多，画的什么也看不甚清楚，还以为这画家是发了疯哩。

黄慎这才发现许许多多人围着看他的画。他向大家笑嘻嘻地挥挥手。围观的人们开始散去，说也奇怪，离开一丈（约3.33米）多远，再看看那画面，寥寥草草的笔墨突然显现成几茎水仙，有的才长出，有的开着两朵鲜灵灵的花。那水仙与水仙花，充满着初生勃发的神态。大家越看越喜爱，异口同声称赞："怪人怪画，就是怪，就是好！"

黄慎默默地微笑着卷起画，向店老板道了谢，就从人缝中挤开一条路走了。

上官周先生后来看见学生黄慎突飞猛进，喜不自胜，逢人就说："吾的门下有黄生，犹如王右军之后有个鲁公一样。当老师的看见学生如此长进，多兴奋啊！"

把精力专注于一点上

人和人就生来的素质说，是差不多的。有人说，即使是天才和常人，天生的聪明才智也相差不大，但后天努力的差别就大了。不管是学习还是干什么，古人都特别重视和强调专注。

春秋时候，楚国有个擅长射箭的人叫养叔。他能在百步之外射中杨树枝上的叶子，并且百发百中。楚王羡慕养叔的射箭本领，就请养叔来教他射箭，养叔便把射箭的技巧倾囊相授。

楚王兴致勃勃地练习了好一阵子，渐渐能得心应手，就邀请养叔跟他一起到野外去打猎。打猎开始了，楚王叫人把躲在芦苇丛里的野鸭子赶出来。野鸭子被惊扰得振翅飞出。楚王弯弓搭箭，正要射猎时，忽然从他的左边跳出一只山羊。

楚王心想，一箭射死山羊，可比射中一只野鸭子划算多了！于是楚王又把箭头对准了山羊，准备射它。

可是正在此时，右边突然又跳出一只梅花鹿。楚王又想，若是射中罕见的梅花鹿，价值比山羊又不知高出了多少，于是楚王又把箭头对准了梅花鹿。

忽然大家一阵子惊呼，原来从树梢飞出了一只珍贵的苍鹰，振翅往空中窜去。楚王又觉得还是射苍鹰好。

可是当他正要瞄准苍鹰时，苍鹰已迅速地飞走了。楚王只好回头来射梅花鹿，可是梅花鹿也逃走了。只好再回头去找山羊，可是山羊也早溜了，连那一群鸭子都飞得无影无踪了。

楚王拿着弓箭比画了半天，结果什么也没有射着。

古人就此评论说：与其见异思迁，不如盯住最先发现的那只野鸭，把它射住。

学习音乐带来的震撼

古人说："涉浅水者得鱼虾，涉深水者得蛟龙。"无论学习什么技艺，不是光凭外在的技巧，而是在于领悟内涵。要像师文那样深究其理，矢志不渝，提高修养和悟性。

古时候有个善于弹琴的乐师名叫师襄，据说在他弹琴的时候，鸟儿能踏着节拍飞舞，鱼儿也会随着韵律跳跃。

郑国的师文听说了这件事后，十分向往，于是告别家乡，来到鲁国拜师襄为师。师襄手把手地教他调弦定音，可是他的手指十分僵硬，学了三年，竟弹不出一个乐章。师襄无法可想，只好说："你太缺乏悟性，恐怕很难学会弹琴，你可以回家了。"

师文放下琴后，叹了口气，说："我并不是不能调好弦、定准音，也不是不会弹奏完整的乐章。然而我所关注的并非只是调弦，我所向往的也不仅仅是音调节律。我的真正追求是想用琴声来宣泄我内心复杂而难以表达的情感啊，在我尚不能准确地把握情感，并且用琴声与之相呼应的时候，我暂时还不敢放手去拨弄琴弦。因此，请老师再给我一些时日，看是否能有长进?”

果然，在过了一段时间以后，师文又去拜见他的老师师襄。师襄问：“你的琴现在弹得怎样啦?”

师文胸有成竹地说：“稍微摸到了一点门道，请让我试弹一曲吧。”

于是，师文开始拨弄琴弦。

他首先奏响了属于金音的商弦，使之发出代表八月的南吕乐律，只觉琴声挟着凉爽的秋风拂面，似乎草木都要成熟结果了。

面对这金黄收获的秋色，他又拨动了属于木音的角弦，使之发出代表二月的夹钟乐律，随之又好像有温暖的春风在耳畔回荡，顿时引来花红柳绿，好一派春意盎然的景色。

接着，师文奏响了属于水音的羽弦，使之发出代表十一月的黄钟乐律，不一会儿，竟使人感到霜雪交加，江河封冻，一派肃杀景象如在眼前。

再往下，他叩响了属于火音的徵弦，使之发出代表五月的蕤宾乐律，又使人仿佛见到了骄阳似火，坚冰消释。

在乐曲将终之际，师文又奏响了五音之首的宫弦，使之与商、角、徵、羽四弦产生和鸣，顿时在四周便有南风轻拂，祥云缭绕，恰似甘露从天而降，清泉于地喷涌。

这时，早已听得如痴如醉的师襄忍不住双手抚胸，兴奋异常，当面称赞师文说：“你的琴真是演奏得太美妙了！即使是晋国的师旷弹奏的清角之曲，齐国的邹衍吹奏的律管之音，也无法与你这令人着迷的琴声相媲美呀！他们如果能来此地，我想他们一定会带上自己的琴瑟管箫，跟在你的后面当学生的！”

在知识的山峰上攀登

山外有山，人外有人。勤学不辍，博采众家之长，不断进取，才可能出人头地。在知识的山峰上攀登得越高，眼前展现的景色就越壮阔。不断学习，才能获得杰出的成就。

柳公权小的时候字写得很糟，常常因为大字写得七扭八歪受老师和父亲的训斥。小公权很要强，他下决心一定要练好字。经过一年多的日夜苦练，他写的字大有起色，和年龄相仿的小伙伴相比，公权的字已成为全村最拔尖的了。

从此以后，他写的大字，得到同窗称赞、老师夸奖，连严厉的父亲脸上也露出了微笑，小公权感到很得意。

一天，柳公权和几个小伙伴在村旁的老桑树下摆了一张方桌，举行“书会”，约定每人写一篇大楷，互相观摩比赛。公权很快就写了一篇。这时，一个卖豆腐脑的老头放下担子，来到桑树下歇凉。他很有兴致地看孩子们练字。柳公权递过自己写的，说：“老爷爷，你看我写得好不好?”老头接过去一看，只见写的是：“会写飞凤家，敢在人前夸。”老头觉得这孩子太骄傲了，皱了皱眉头，沉吟了一会儿，才说：“我看这字写得并不好，不值得在人前夸。这字好像我担子里的豆腐脑一样，软塌塌的，没筋没骨，有形无体，还值得在人前夸吗?”小公权见老头把自己的字说得一塌糊涂，不服气地说：“人家都说我的字写得好，你偏说不好，有本事你写几个字让我看看。”

老头爽朗地笑了笑，说：“我老汉是一个粗人，写不好字。可是，有人用脚都写得比你好得多呢！不信，你到华原城里看看去吧！”

起初小公权很生气，以为老头在骂他。后来想到老头和蔼的面容，爽朗的笑声，又不大像在骂他，就决定到华原城里去看看。

华原城离他家有40多里路。第二天，他起了个五更，悄悄给家里人留了个纸条，背着馍布袋就独自往华原城去了。

柳公权一进华原城寿门，见北街一棵大槐树下挂着个白布幌子，上写“字画汤”三个大字，字体苍劲有力，笔法雄健潇洒。树下围了许多人，他挤进人群去一看，不禁目瞪口呆。只见一个黑瘦的畸形老头，没有双臂，赤着双脚坐在地上，左脚压住铺在地上的纸，右脚夹起一支大笔，挥洒自如地在写对联，他运笔如神，笔下的字迹龙飞凤舞，博得围观看客们阵阵喝彩。

小公权这才知道卖豆腐脑的老头没有说假话，惭愧极了，心想：“我和字画汤老爷爷比起来，差得太远了。”他“扑通”一声跪在字画汤面前，说：“我愿拜你为师，我叫柳公权，请收下我，愿师傅告诉我写字的秘诀……”字画汤慌忙放下脚中的笔，说：“我是个孤苦的畸形人，生来没手，干不成活，只得靠脚巧混生活，虽能写几个识字，怎配为人师表?”

小公权一再苦苦哀求，字画汤才在地上铺了一张纸，用右脚提起笔，写道：

写尽八缸水，砚染涝池黑；

博取百家长，始得龙凤飞。

老人对公权说：“这就是我写字的秘诀。我自小用脚写字，风风雨雨已练了50多个年头了。我家有个能盛8担水的大缸，我磨墨练字用尽了8缸水。我家墙外有个半亩地大的涝池，每天写完字就在池里洗砚，池水都乌黑了。可是，我的字练得还差得远呢!”

柳公权把老人的话牢牢地镂刻在心里，他深深地谢过“字画汤”老爷爷，依依不舍地回去了。

自此，柳公权发愤练字，手上磨起了厚厚的茧子，衣服补了一层又一层。他学习颜体的清劲丰肥，也学欧体的开朗方润，学习字画汤的奔腾豪放，也学宫院体的娟秀妩媚。他经常看人家剥牛剔羊，研究骨架结构，从中得到启示。

他还注意观察天上的大雁、水中的游鱼、奔跑的麋鹿、脱缰的骏马，把自然界各种优美的形态都融注到书法艺术里去。

后来，柳公权成为了我国唐代著名的书法家。可是，柳公权一直到老，对自己的字还很不满意。他晚年隐居在华原城南的鹳鹊谷，专门研习书法，勤奋练字，一直到他 80 多岁去世为止。

刻板模仿的越人

一个人不仅要博采众长，更要培养严谨求实的学习、创作精神和慎思慎取的能力。向别人学习的时候不能生吞活剥，刻板地模仿，一定要多动脑筋，善于甄别和选择，去其糟粕，取其精华。

古时候，越国没有车，越国的人也一直都不懂得该如何造车。越人很希望学会造车技术，好将车用在战场上，增强本国的军事力量。

有一次，一个越国人到晋国去游玩。野外空气新鲜、风景秀丽，他一路走一路看，不知不觉到了晋国和楚国交界的郊野。忽然，不远处的一件东西将他的视线吸引过去。“咦，这不是一辆车吗?”这个越人马上联想起在晋国见到过的车。这东西确实是辆车，不过毁坏得很厉害，所以才被人弃置在这里，这车的辐条已经腐朽，轮子毁坏，车轴也折断了，车辕也毁了，上上下下没有一处完好的地方。但这个越人对车本来看得不真切，又一心想为没有车的家乡立一大功，就想办法把破车运了回去。

回到越国，这个越人便到处夸耀：“去我家看车吧，我弄到一辆车，是一辆真正的车呢，我好不容易才搞到的呢!”于是，到他家去看车的人络绎不绝，大家都想一睹为快。几乎每一个人都听信了这个越人的炫耀之词，纷纷议论着说：“原来车就是这个样子的啊!”“看上去怕不能用吧，是不是损坏过呢?”“你不信先生的话吗？车一定本来就是这个样子的。”“对，我看也是。”这样，越人造起车来都模仿这个车的形状。

后来，晋国和楚国的人见到越人造的车，都笑得直不起腰来，讥讽说：“越人实在太笨拙了，竟然将车都造成破车，哪里能用呢?”可是越人根本不理会晋人和楚人的讥讽，还是我行我素，造出了一辆辆的破车。

终于有一天，战争爆发了，敌人大兵压境，就要侵入越国领土了。越人一点也不惊慌，从容应战，他们都觉得现在有车了，再没什么可怕的，越人驾着破车向敌军冲过去，才冲了没多远，破车就散了架，在地上滚得七零八落，越国士兵也纷纷从车上跌落下来。敌军趁乱杀将过来，把越人的阵形冲得乱七八糟。越人抵挡不住，死的死，逃的逃，投降的投降，兵败如山倒。

一直到最后，越国人也不知道自己是败在了车子上。

学习的实质是活学活用

生活中有不少人也经常在读书，甚至有的人读的书还很多。但是，有的人能做到活学活用，有的人则读了同没有读差不多，甚至还带来了害处。读书人要防止成为只会读书不会运用的书呆子，只有这样才能使读书上升到一个较高的层次，才能在实践中很好地运用从书本中得来的知识。知识本身不是力量，知识的力量在于使用、在于创新、在于活学活用。

三国时的马谡自幼熟读兵书，条文记得滚瓜烂熟，自己也常以此为骄傲，可是事实对他毫不留情。他失街亭一事便是个证明。

蜀主刘备死后，蜀国丞相诸葛亮按照刘备的遗愿，继续奉行了“联吴伐魏”的方针，积极巩固后方，准备进行北伐。当他七擒孟获，征服“南夷”，并使内部得到巩固以后，又用“反间计”使魏主曹睿撤了司马懿的职，这就为诸葛亮出师伐魏创造了有利的条件。

诸葛亮趁着这个有利的大好时机，迅速出兵祁山，打算先去攻打长安，夺取中原，进而统一全国。出兵后节节胜利，连败魏军。驻守在新城的魏将孟达，看到蜀军的优势，也与蜀军几次联系，准备掉转枪头从东路配合蜀军攻打魏国的国都洛阳。

在这种形势下，魏主曹睿害怕极了，他亲赴长安前线督战，并虚心接受大臣的建议，重新起用司马懿统帅大军，与蜀对敌。

司马懿不愧为作战老手，他深有谋略，首先消灭了孟达，然后领兵出关，准备破蜀，由此展开了对街亭的争夺战。

两军对垒，他们为什么首先要争夺这个很不起眼的街亭呢？因为它的战略地位太重要了。它在现在的甘肃省清水县东北，是个通往汉中的咽喉，是军事要道，所以非争不可！

有一天，诸葛亮听到说司马懿引兵出关，心想：“他一定要夺取这个地方，便召开了军事会议。”他说：“现在司马懿出关，一定要争取街亭，这是我们的咽喉之地，谁可以前去把守？”

话音未落，马谡应声而起：“我愿去。”

诸葛亮说：“街亭地方虽小，可是关系重大。如果街亭失守，我们就会全局失利。你虽然读了很多兵书，可是街亭并不好守。那里既没有城墙，又没险要的地势好利用，要守住是有很大的困难啊！”

马谡不服气地说：“我自幼熟读兵书，精通兵法，连个小小的街亭都守不住，要我还有什么用！”他坚持要去。

诸葛亮说：“司马懿可不比寻常将领，他还有个先锋张郃，作战勇敢，智谋过人，是魏国名将，你恐怕不是他们的对手。”

马谡说：“不要说是司马懿、张郃，就是魏主曹睿亲自出马，也没有什么可怕。要有差错，我拿全家性命作保！”

为了保险起见，在答应马谡请求的同时，诸葛亮又选派了一个平时办事很谨慎的上将王平作副将，要他们遇事好好商量，另外还作了一些其他部署。

马、王二将领兵来到街亭。察看了一下地形，马谡笑着说：“丞相也太多心了，这么个偏僻的山路，司马懿怎么敢来呢？”接着下令在山头安营扎寨。

王平说：“您这样做可就错了。这样的地势应该在要道上驻军，并且筑起城墙来阻挡敌兵。依了我的办法，就是司马懿有十万大军，也休想过去。您现在放弃要道，在山头上驻军，如果司马懿突然袭来，四面围住，您用什么办法保住街亭！”

马谡哈哈大笑，对王平说：“你真是女人般的见识，兵书上说‘凭高视下，势如破竹’，如果司马懿敢来，我要杀他个片甲不留!”

王平说：“我跟丞相多年，经过多少阵势，每次战争，丞相总是尽心指导。要叫我看，这山是死地。如果魏兵攻来，断了我们的取水之路，不用打，我军就乱了。”

马谡气势汹汹地说：“不许你胡言乱语！兵书上明明写道，‘置之死地而后生’，要是司马懿断我水路，不更激起我军拼死战斗吗？那真是‘一顶十，十顶百’呢！我常读兵书，深通谋略，丞相有了事还要问我，你是什么人，敢阻拦我!”

王平没奈何，只得说：“您一定要在山上扎寨，那就分给我五千人马。我到西山下面安一个小的军寨，也好摆一个互相接应的阵势。如果魏兵突然袭来，也好抵挡他一阵。”

就连这个最起码的请求，马谡也不肯答应。二人正在争持不下，忽然间，山里的老百姓，成群结伙地跑来说：“魏兵到了!”马谡这才赌着气分给了王平五千人马，并说：“你既然不听从我的命令，等我打败了司马懿，在丞相面前论功行赏，可就没你的份了!”

司马懿来到街亭看了马谡的阵势，果然先断了山上的水道，并命智勇多谋的张郃率领精兵勇将，截断王平所带人马，然后一拥而进，把个小小山头，围了个水泄不通。

马谡的兵马在山上看到敌兵声势浩大，一个个吓得乱作一团。马谡想指挥大军向下冲杀，将士们你看我，我推你，没有一个敢向前冲。马谡十分生气，斩了两个将领示众。

士兵们一看主帅发火了，只好向山下冲，可是哪里冲得动呢，又只好退回来。

马谡见大势不好，只得命令士兵坚守寨门，等待外援。

可是山上缺水，战士们吃不上饭，不到一天工夫，军营里便乱腾起来，半夜里，很多人偷偷开了寨门，下山投降司马懿去了。这时，司马懿又放火烧山，山上更乱了。

马谡见大事不妙，只得带了几个残兵败将，杀开一条血路，从西山脚下，取路逃命去了。

王平在山下扎寨，但人马太少，寡不敌众，最后只好冲杀出来，退守阳平关。街亭就这样失守了。

马谡学会了一堆兵法条文，却只会纸上谈兵，还盲目自满起来；而打起仗来，不会灵活运用军事原则，又不肯接受有实践经验的人劝谏，失败是必然的。为什么呢？这是因为，街亭这条山路，如果在重要地方筑城扎寨，虽不能说“一夫当关，万夫莫开”，但起码不至失守。而马谡呢？他把有利的地形拱手让给敌人，自己却跑到山头上等待敌人的围困，还美其名曰“凭高视下，势如破竹”，这不是说梦话么？在某些时候，在某种特殊情况下，因奇设计，“置兵于死地而后生”，并不是办不到的，这在作战史上也有过先例。但自己本来有战胜敌人的主动权，却硬要变主动为被动，把自己置于死地，这样做只能是“置于死地必死”！

学问是苦根上的甜果

一句古罗马谚语说：“学问是苦根上长出来的甜果。”轻易得到的东西，人们往往不珍惜，在学习的问题上也是一样。要珍惜学习的机会，学习要多用心，勤动脑。不但要了解表面的知识，更要悟其精髓，心领神会，才能学好。

宋代著名书画家米芾，小时候在私塾馆学写字，学了三年，也没学成。一天，一位进京赶考的秀才路过村里。米芾听说这秀才写得一手好字，就跑去求教。秀才翻看了米芾临帖写的一大打纸，若有所悟，对他说：“想跟我学写字，有个条件，得买我的纸。不过，贵点，五两纹银一张。”米芾一听吓了一跳，心想：“哪有这么贵的纸，这不是成心难为人吗?”秀才见他犹豫了，就说：“嫌贵就算了！”米芾求学心切，借来五两银子交给秀才。秀才递给他一张纸说：“回去好好写吧，三天后拿给我看。”

回到家，米芾捧着五两纹银买来的一张纸，左看右看，不敢轻易使用。于是翻开字帖，用没蘸墨汁的笔在书案上划来划去，想着每个字的间架和笔锋，这样琢磨来琢磨去，竟入了迷。

三天后，秀才来了。见米芾坐在那里，手握着笔，望着字帖出神，纸上却一字未写，便故作惊讶地问："怎么还没写？"

米芾一惊，如梦方醒，才想起三天期限已到，喃喃地说道："我，我怕弄废了纸。"

秀才哈哈大笑，用扇子指着纸说："好了，琢磨了三天，写个字给我看看吧！"

米芾提笔写了一个"永"字，秀才拿过来一看，这个字写得大有进步，漂亮极了。这才问道："为什么三年写不好，三天却能写好呢？"米芾小心答道："因为这张纸贵，我怕浪费了纸，不敢像先前那样信笔写来，而是先用心把字琢磨透了……"

"对！"秀才打断他的话说："学字不只是动笔还要动心，不但要观其形，更要悟其神，心领神会，才能写好。现在你已经懂得写字的窍门了，我该走啦。"说着挥笔在写有"永"字的纸上添了七个字"（永）志不忘，纹银五两"，又从怀里掏出那五两纹银还给米芾，便出门上路赶考去了。

米芾一直把这五两纹银放在案头，时刻铭记这位苦心教诲的启蒙老师，并激励自己勤学苦练，后来终于成为著名的画家和书法家。

人生需要活到老学到老

古人说："活到老，学到老。"现代人则提出了"终身学习"的理念，强调一个人"不一定终身受雇，但必须终身学习"。只有不断学习，才能不断地认识自己、认识自然、认识社会，从而更深切地体验存在的价值与生活的意义，追求和享受更美好的人生。

晋平公作为一位国君，政绩不平，但他的学问却不错。在他 70 岁的时候，他依然还希望多读点书，多长点知识，总觉得自己所掌握的知识实在是太有限了。

可是70岁的人再去学习，困难是很多的，晋平公对自己的想法总还是不自信，于是他去询问一位贤明的臣子师旷。

师旷是一位双目失明的老人，他博学多智，虽眼睛看不见，但心里亮堂着呢。晋平公问师旷说："你看，我已经70岁了，年纪的确老了，可是我还希望再读些书，长些学问，又总是没有信心，总觉得太晚了！"

师旷回答说："您说太晚了，那为什么不把蜡烛点起来呢？"

晋平公不明白师旷在说什么，便说："我在跟你说正经话，你跟我瞎扯什么？哪有做臣子的随便戏弄国君的呢？"

师旷一听，乐了，连忙说："大王，您误会了，我这个双目失明的臣子，怎么敢随便戏弄大王呢？我也是在认真地跟您谈学习的事呢。"

晋平公说："此话怎么讲？"

师旷回答说："我听说，人在少年时代好学，就如同获得了早晨温暖的阳光一样，那太阳越照越亮，时间也久长；人在壮年的时候好学，就好比获得了中午明亮的阳光一样，虽然中午的太阳已走了一半了，可它的力量很强、时间也还有许多；人到老年的时候好学，虽然已日暮，没有了阳光，可他还可以借助蜡烛啊，蜡烛的光亮虽然不怎么明亮，可是只要获得了这点烛光，尽管有限，也总比在黑暗中摸索要好多了吧。"

晋平公恍然大悟，高兴地说："你说得太好了，的确如此！我有信心了。"

诚信是人生成功的基石

CHENGXIN SHI RENSHENG CHENGGONG DE JISHI

只有诚信才能立足社会

“言必信，行必果”“一言既出，驷马难追”这些流传了千百年的古语，都形象地表达了中华民族诚实守信的品质。在中国几千年的文明史中，人们不但为诚实守信的美德大唱颂歌，而且努力地身体力行。

诚实守信是忠诚老实，信守诺言，是为人处世的一种美德，更是为人处世之本。

所谓诚实，就是忠诚老实，不讲假话。诚实的人能忠实于事物的本来面目，不歪曲，不篡改事实，同时也不隐瞒自己的真实想法，光明磊落，言语真切，处事实在。诚实的人反对投机取巧，趋炎附势，见风使舵，争功推过，弄虚作假，口是心非。

一个忠诚老实的人对客观事物的认知能力也是有限的，不可能事事时时准确地反映客观事物的内在规律。因此，忠诚老实的人也有可能犯错误，但同虚伪的人犯错误的性质不同。诚实的人犯错误可能是由认知能力和认知方法等方面问题造成的，而虚伪的人犯错误则是由于不诚实，属于道德品质问题。

所谓守信，就是信守诺言，说话算数，讲信誉，重信用，履行自己应承担的义务。

诚实和守信两者意思是相通的，是互相联系在一起的。诚实是守信的基础，守信是诚实的具体表现。诚实侧重于对客观事实的反映是真实的，对自己内心的思想、情感的表达是真实的。守信侧重于对自己应承担、履行的责任和义务的忠实，毫无保留地实践自己的诺言。

我国是个文明古国、礼仪之邦，历来重视诚实守信的道德修养。东汉许慎在《说文解字》中说："信，诚也。"古代的圣贤哲人对诚信有诸多阐述。"君子之言，信而有征"，征为证明、证验之意。"言之所以为言者，信也；言而不信，何以为言?"就是说人说话要算数。"诚信者，天下之结也"，意思是说讲诚信，是天下行为准则的关键。孔子也多次讲过诚信，如："信则人任焉""自古皆有死，民无信不立。"孟子论诚信："至诚而不动者，未之有也；不诚，未有能动者也。"荀子认为"养心莫善于诚"。墨子也极讲诚信："志不强者智不达，言不信者行不果。"老子把诚信作为人生行为的重要准则："轻诺必寡信，多易必多难。"庄子也极重诚信，认为"真者，精诚之至也。不精不诚，不能动人"，这就把诚信提高到一个新的境界。韩非子则认为"巧诈不如拙诚"。总之，古代的圣贤哲人把诚信作为一项崇高的美德加以颂扬。

一个人要想在社会立足，干出一番事业，就必须具有诚实守信的品德，一个弄虚作假，欺上瞒下，糊弄国家与社会，骗取荣誉与报酬的人，他们是要遭人唾骂的。诚实守信首先是一种社会公德，是社会对做人的基本要求。

诚信是中华民族的美德

孔子早在2000多年前就教育他的弟子要诚实。在学习中，知道的就说知道，不知道的就说不知道。他认为这才是对待学习的正确态度。

曾子是个非常诚实守信的人。有一次，曾子的妻子要去赶集，孩子哭闹着也要去。妻子哄孩子说：“你不要去了，我回来杀猪给你吃。”她赶集回来后，看见曾子真要杀猪，连忙上前阻止。曾子说：“你欺骗了孩子，孩子就会不信任你。”说着，就把猪杀了。曾子不欺骗孩子，也培养了孩子讲信用的品德。

商鞅是战国时期著名的变法家。为了树立威信，商鞅在变法前下令在秦国都城南门外立一根3丈长的木头，并当众宣布：谁把木头搬到北门，赏10金。人们不相信，无人搬动木头，商鞅把赏金提高到50金。一男子把木头扛到了北门，商鞅立即赏他50金。商鞅这一举动，使人们感到他是个说话算数的人，于是商鞅的新法也获得了人们的信任，很快就在秦国推广了。

秦朝末年有个叫季布的人，一向重诺言，讲信用。人们都说“得黄金百斤，不如得季布一诺”。

旧时中国店铺的门口，一般都写有“货真价实，童叟无欺”八个字。自古在商品买卖中，就提倡公平交易、诚实待客、不欺诈、不作假的行业道德。

中国古代也有不讲诚信而自食恶果的例证——烽火戏诸侯。

西周建都丰镐（今长安县西北），接近戎人。周天子与诸侯相约，要是戎人来犯就点燃烽火、击鼓报警，诸侯见烽火便驱兵来救。周幽王的爱妃不爱笑，周幽王为逗妃子笑，便点燃烽火戏弄诸侯，看到诸侯的军队慌慌张张从四面赶来时，妃子大笑不止。周幽王为博得爱妃高兴，数次无故燃起烽火，诸侯的军队多次赶到而不见戎人，认为受了骗。后来戎人真的来了，当烽火再燃起时，已无人来救。最终周幽王被杀于骊山之下，为天下人所耻笑。

承诺的力量是强大的

普鲁士陆军元帅布吕歇尔是一位诚实守信的将军。有一次，他率领大军在崎岖的山路上急行军，他必须尽快去援助威灵顿，但此时士兵已经疲惫不堪，道路泥泞，部队实在难以快速前进。布吕歇尔不停地鼓励士兵们加油："快点，孩子们——向前，再快点。"

士兵们汗流浃背，已经尽力了，不可能再快了。但布吕歇尔还是不停地鼓励他们："孩子们！我们必须全速前进，我们必须准时到达目的地。我已经答应了我的兄弟部队，你知道吗？你们千万不可让我失信！"

在布吕歇尔的感召下，士兵们一鼓作气，终于准时到达了目的地。

大丈夫一诺千金。当你对任何人做出任何许诺的时候，都必须慎重地掂量，答应了就要做到。无论对大人、对小孩，对恋人、对仆人，对妻子、对父母，对同事、对朋友，对上司、对下属，对名人、对凡人，对老师、对同学，不论对什么人许诺都要说到做到。也无论大的许诺、小的许诺，眼前的许诺将来的许诺，什么样的许诺，什么时候做出的许诺都是这样。

罗克是一位小学校长，为了激励全校师生的读书热情，罗克曾公开打赌：如果全校师生有人在10月8日前读书12万页，他将在8日那天爬行上班。

全校师生都动员起来了，终于有人在10月8日前读完了12万页书。有的学生打电话给校长："你爬不爬？说话算不算数？"也有人劝他说："你已达到激励大家读书的目的，不要爬了。"可是罗克坚定地说："一诺千金，我一定爬着上班。"说到做到，8日这一天，罗克真的经过2小时的爬行，到了学校。在这期间，他磨破了4副手套，护膝也磨破了。到达终点时，全校师生夹道欢迎自己尊敬的校长。

承诺的力量是强大的。遵守并实现你的承诺能使你在困难的时候得到真正的帮助，会使你在孤独的时候得到温暖的友情。因为你信守诺言，你的诚实可靠的形象推销了你自己，你便会在事业上获得成功。

说到的就必须做到

李白曾在他的《长干行》一诗中写过这么两句："长存抱柱信，岂上望夫台。”所谓“抱柱信”是说一个叫尾生的男子和一个淑女一天在桥下约会，到约会的时候，女子还没来，河里就开始涨水了。尾生为了不失信用，宁可抱着桥柱都不走，直至被水淹死。所谓“望夫台”是说丈夫在外，约定某年某月归来，但是没有实现诺言，妻子总是站在台上望着丈夫归来。这些典故都是倡导人们要恪守信誉，说到做到。

有家媒体曾刊登了这样一个故事：一天深夜，一位校党委副书记接到同学的电话，学生们问：“我们宿舍楼的厕所坏了，你们当领导的管不管?”“管!”于是，他连夜找到校总务长，带领后勤人员赶到现场，疏通了厕所。第二天清晨，当同学们发现厕所畅通，楼道干干净净时，连连称赞校领导“言而有信”。

诸葛亮有一次与司马懿交锋，双方僵持数天，司马懿死守阵地，未向蜀军发动进攻。诸葛亮为安全起见，派大将姜维、马岱把守险要关口，以防魏军突袭。

这天，长史杨仪到帐中禀报诸葛亮说：“丞相上次规定士兵100天一换班，今已到期，不知是否……”

诸葛亮说：“当然，依规定行事，交班。”

众士兵听到消息立即收拾行李，准备离开军营。忽然探子报魏军已杀到城下，蜀兵一时慌乱起来。

杨仪问：“魏军来势凶猛，丞相是否把要换班的4万军兵留下，以作退敌急用?”

诸葛亮摆手说：“不可。我们行军打仗，以信为本，让那些换班的士兵离开营房吧。”

众士兵闻言感动不已，纷纷大喊：“丞相如此爱护我们，我们无以报答丞相，决不离开丞相一步。”

蜀兵人人振奋，群情激昂，奋勇杀敌，魏军一路溃散，败下阵来。

诸葛亮向来坚守原则，换班的日期来到，即毫不犹豫地交班，就是司马懿来攻城也不违反原则。以信为本，诚信待人，诸葛亮终于战胜了司马懿。

言必信，行必果，不但是对他人的尊重，更是对自己的尊重。当朋友托我们给他办事时，我们要提供帮助是在情理之中。但是，办事要量力而行，说话要把握分寸，不要做“言过其实”的许诺。因为，诺言能否兑现除了个人努力的问题，还有一个客观条件的因素。平时可以办到的事，由于客观环境变化了，一时又办不到，这种情形是常有的事。因此我们在朋友面前不要轻率地许诺，更不能明知办不到的事还打肿脸充胖子，在朋友面前逞能，许下“寡信”的“轻诺”。当你无法兑现诺言时，不仅会得不到朋友的信任，还会失去朋友。

有位车间主任在竞选厂长演说中，许下一条诺言：保证任期内，全厂干部职工在生活福利、工资待遇等方面有较大幅度的增长。这位领导上任后，并没有用心治厂，而是沉迷于拉关系走后门，企图以此来挽回厂子的生产效益，到年终时，不仅工人的福利待遇未见改善，差点连工人的基本工资也发不出去。工人们再也不信任他了，将他赶下了台。

讲信用的人是坦诚的人

所谓讲信用，就是要说话算数，遵守诺言。一个人讲不讲信用是有没有良好人际关系的关键，这关系到你为人的原则，从而影响到人际关系的好坏。不管怎样，有一点值得肯定，那就是一个讲信用的人必定是一个坦诚的人。

人们对台湾台塑集团董事长王永庆的成功很感兴趣，当被问及他创造了亿万财富的秘诀时，王永庆答道：“我啊，其实长得也不英俊，最要紧的是诚信待人。如果你失去诚信，你周围的人迟早会离开你。一个企业不只是靠一个人，是靠大家的。单单你一个人，再有能力也没有用。历史上项羽力能扛鼎，非常能打仗，但最后还是失败了。这就告诉你。一个人再有能力，也成不了事。你要以诚待人，有好的管理，有好的人员，有好的制度，每个人都帮你的话，你一定能成功。”

身为公司或企业的老板，如何使员工更卖力地工作是一件很重要的事。暂且不论公司的形式或体制，在老板的心里，抱持着“请你这样做”这种诚恳的态度能使员工更加勤勉。如果拥有一两万名员工，这样做还不够，必须有“请你帮我这样做”的态度；而拥有5万名员工时，甚至更要以“两手合起来拜佛”这种态度，否则部下很难发挥其优点而更卖力工作。

诚恳是一切人性优点的基础，它本身要通过行动体现出来，要通过说话展现出来。它意味着值得信赖，能让人确信它是可信的。当人们认为一个人是可信的时候，他就是一个坦诚的人。也就是说，当一个人说他知道某件事时，他确实知道这件事；当他说他将去做某件事时，他的确能做而且做了这件事。因此，值得信赖是赢得尊重和信任的通行证。

失信于人是要付出代价的

一定要记住这句话：“处世为人之道，没有比诚实守信、取信于人更为重要的了。”你的言行举止，时刻不可放弃了这个根本。与人交往时，只要有这个根本存在，只要别人还信任你，其他方面的缺陷或许还有补偿的机会。若失去了这个根本，别人不相信你了，别人就不愿再与你共事，不愿再与你打交道。

刘基在他的《郁离子》里讲了这么一个故事：有个大富翁，渡河的时候翻了船，大喊救命。

一个船夫听到喊声，划着小船去救他。船还没到，大富翁说道：“快来救我！上了岸我给你100两金子，我有的是钱。”船夫把他拉上船，送他上岸后，富翁只给了那船夫10两金子。船夫说：“方才你说给我100两金子，如今才给10两，怎么能这样！”大富翁听了斥责船夫说：“你不过是个船夫，一天才能挣多少钱？现在一下子就赚了10两金子，你还不满足？再啰唆，连这10两都没有！”船夫沉默不语，摇摇头走了。

不料，过了一个月，大富翁乘船顺江而下，船撞在礁石上翻了，他又落水了。刚好船夫在岸边钓鱼，听到大富翁喊救命，他动也不动。

有人问他："你为什么不去救他?"船夫回答说："被淹的是那个不讲信用的人。"

听了船夫的话，没有一个人去救，最后大富翁淹死了。

富翁失信于人终于付出了大代价。正如电脑缺少了硬件和软件无法正常工作一样，一个人在为人上丧失了诚实和信誉，也难以取得成功。

失信于人，说话不算数，许诺不兑现，意味着你丢失了为人的起码品质，意味着在别人眼中你失掉了为人的信誉。这个损失多么惨重，你当然要掂量得清清楚楚。

有位知名的学者曾讲过这样一个故事：

一名赴德留学生在毕业时成绩优秀，他决定留在德国找工作。拜访许多大公司后，他都被友好地拒之门外。留学生最后只得去一家小公司求职，但也照样被礼貌地拒绝了。

这下，留学生不干了，他大声说："你们这是种族歧视，我要控告你们……"对方还未等他把话说完，便打断他说："请您小声点，我们去别的房间谈谈好吗?"两个人走进隔壁一间空房，该公司人事经理递上一杯水之后，从留学生的档案袋里拿出一张纸。

这是一份记录，上面记录这个留学生乘坐公共汽车时曾经3次逃票。留学生看后十分惊讶，也十分愤怒，心里不禁嘀咕："就为了这点小事而不肯聘用我，德国人也太小题大做了。"

说到这里，知名学者列举了一组数据，称德国人抽查逃票通常被查到的概率是3/10000，即你逃票10000次，大概只有3次被发现。那位留学生居然被查出3次逃票，一向以信誉著称的德国人对此自然不会等闲视之。

人无信不立。现代社会是信誉社会，对于个人来说，信誉代表着形象，代表着人格。要想在形象和人格上获得依赖和尊重，就需要树立个人的可信度。从这一点上说，就不难发现为什么德国人会将逃票这样的小事看得比天还大，就是因为他们相信，一个人在几毛钱的蝇头小利上都靠不住，又怎么可能指望他在别的事情上值得信赖呢!

人之所以失败绝不是因为没有才能或运气不好，而是由于轻视小事这个恶习。轻视小事不会产生信誉，没有信誉就无法生存。

如果你损失了一些钱，你并没有损失什么；如果你失去了一些朋友，你失去的可就大了；如果你失去了信誉，那一切都完了。

人与人相处全靠互相信任

人活在世上，需要互相信任，互相帮助，犹如人需要空气和水一样。互信互助不但使我们进步，而且是心理安定的力量。没有互信，我们一定会走入困境。孔夫子说，人与人之间如果失去互信，就好像车子失去驱动力一样，根本发动不起来，又如何谈得上奔驰呢?

就个人而言，互信就像食物一样重要。我们如果不信任别人，便会失去诚恳的态度。我们如果长期戴着假面具，就可能迷失自己，那会多么难受呀！要想受人爱戴，就得先信任人。另一方面，如果和互相信任的人在一起，我们便放心了。心理学家弗洛姆曾说：“有了信心才有爱。”很明显，夫妻之爱建立在互信上，亲子之爱建立在互信上，朋友之谊当然也建立在互信上。

人与人相处，全靠信任。老师要是能使堕落的学生相信他对他们只怀好意，那么他的教育就差不多成功了。精神病学专家要耗费大部分时间劝精神错乱的病人相信他们，才能更好地治疗。人与人必须怀着好感，互相信任，日子才不至于过得一塌糊涂。

为什么有些人不能对别人产生信任呢?是他太好猜疑。人家本来对你怀有好感，或者曾经是好友，他却以人家某句不经意的话，某一个无意识的动作或眼神，便怀疑别人脚下使绊，在暗中捣鬼，在议论自己，在中伤自己，说自己坏话，从而生出偏见，中断交情，毁了事业。

美国华尔街上历史悠久、资金雄厚的最大投资银行之一的莱曼兄弟公司曾经连续5年获得创纪录盈利，达到空前鼎盛。莱曼·彼得与克莱斯曼彼此配合默契，共同领导着莱曼公司，使公司业务蒸蒸日上。克莱斯曼是由彼得提拔上来的，彼得看重的就是克莱斯曼大胆果敢的行动魄力，克莱斯曼也投之以桃，报之以李。两个人就像亲兄弟一样亲密无间。但是后来，由于克莱斯曼不信任别人而毁掉了这个庞大的公司。

这件事的起因源于一次午餐。一位朋友邀请彼得共进午餐，彼得建议把刚在 8 星期前被提拔为总经理的克莱斯曼也请来。在午餐上，彼得与对方谈笑风生，而克莱斯曼却备受冷落。这让克莱斯曼受到极大的刺激，他认为这是彼得故意这么做的。他心里想："我要把他赶走!"

从此，克莱斯曼每天板着脸，旁敲侧击地攻击彼得。彼得退休后，克莱斯曼掌握了公司大权。但他的猜疑之心随即转移到了其他几位股东的身上。几个月后，公司已有几名合伙人离去，公司内部人心涣散。

1983 年秋，厄运终于降临，莱曼兄弟公司的利润大幅度下降，公司面临困境。美国金融界巨头捷运公司提出愿购买莱曼，克莱斯曼虽并不愿意出售公司，但已经无力回天，莱曼公司终于毁在猜疑心之上。

莱曼公司之所以被捷运公司收购，就是其领导人不信任人，有猜疑心。猜疑是与人相处的致命弱点，它不只毁人，而且害己。

真正的信任，不是天真的轻信。信任不是建立在虚幻之上，而是要用心去发掘别人的长处，相信他，不迟疑地信任他。

怎样成为被信赖的人

恪守信用是成功的关键。信誉这东西是易碎品，打造起来要花大工夫，毁坏却不费吹灰之力。

虽然美国成功学大师奥里森·马登说过："任何人都应该拥有自己良好的信誉，使人们愿意与你深交，都愿意来帮助你。"但是，不少人都有这样的看法，即认为一个人的信誉是建立在金钱基础上的，只要有钱，就有信用。事实是，和高贵的品质、聪明的才干、吃苦耐劳的精神比起来，亿万财富实在算不了什么。

今天的银行家们都有眼光，他们对那些资本雄厚但品质不好，不值得信任的老板决不会贷一分钱，他们反而愿意把钱借给那些本钱不多，但小心谨慎、能吃苦耐劳的个体业主。银行信贷部的员工们在每次贷款之前，一定要研究申请人的信用状况：对方生意是否稳定？会不会成功？只有等到认为申请人值得信赖、做人可靠时，他们才肯放贷。

王先生是台湾一家杂志社的编辑，他曾用一种很好的社交形象树立起了他的信誉，结果由一个普通的编辑一跃成为一家刊物的老板。最初，王先生在开始他的计划时，先向一家银行借了一笔他并不急需要用的钱，他说他之所以借这笔钱，目的是为了树立他的信誉。这笔钱借到后，他放在抽屉里并没有用它，当还款日期一到，便将它还给了银行。这样如此几次以后，他得到了这家银行的信任，慢慢地，借给他的钱款数目大了起来。最后一次他借的是一笔大额贷款，用它去发展自己的业务。

王先生说他在开始萌生自己办杂志的念头时估计了一下，起码需要 3 万美元，而他手头上总共才不过 1.2 万美元。于是，他再次到那家银行，也再次去找每次借钱的那个职员，当王先生将计划原原本本地告诉他以后，他表示愿意借出 1.8 万美元，不过他要与银行的经理洽谈一下。最后，这位经理同意如数借给他 1.8 万美元，还说："我虽然对王先生不太熟悉，不过我注意到多年以来王先生一直向我们借款，并且每次都按时还清。"

人立于天地间，如果言谈举止时时处处不失信于人而诚笃守信于人，人们也将对你诚笃守信，你就可以在纷乱万端的人世沧桑之间游刃有余了。

饿死在运粮路上的李保印

1941 年，"四·一二"大"扫荡"之后，沙区根据地几十万军民处于饥寒交迫之中，为了解决军民的饥饿问题，专署派财粮干部李保印同志到外面筹集粮食。

他离开机关已经7天了，在这7天里，他没吃一粒粮食，全靠野菜和树皮充饥。他肩上背着干粮袋——一袋玉米花，这是他出发时同志们把自己分得的粮食集中起来，炒成玉米花，送给李保印做干粮用的。可他一直留着，准备在最困难的时候吃。

现在，他筹粮工作做好了，想赶快回机关汇报情况，但只觉得头昏眼花，眼看就有饿昏的危险。他解开干粮袋，掏出一把玉米花，正要往嘴里放的时候，忽然听到什么人在呼救。他循着声音走过去一看，是一个妇女和一个两三岁的孩子。看见李保印同志，那妇女吃力地说："大哥，救救孩子，他3天没吃东西了。"李保印看到这情景，心像刀扎一样难过。面对着在饥饿的死亡线上挣扎的人民，他感到作为一个财粮干部责任的重大。他决定急速回机关，汇报他这次筹粮情况。他毫不犹豫地解下干粮袋，把这一袋玉米花递给那妇女说："大嫂，这袋玉米花你留着吃吧!"说完，迈着蹒跚的步子上路了。

第二天，专署的陈军光和吴乐天到村外挖野菜。他们顺着小路走，猛然间，被眼前的情景惊呆了。只见李保印侧着微微弯曲的身子，躺在路边。他们扑向李保印早已凉了的身子，哭着、喊着，可是他身躯僵硬，左手紧握着衣袋，怎么也掰不开。他们止住哭声，小心地从李保印的衣袋里掏出一个折叠的纸条，打开一看，上面写着："在下替五区筹粮3万斤，速取。"啊，原来李保印手中握着这么多粮食，而他自己却饿死在路边。

正在这时，那中年妇女拉着孩子走到这里，她走上前一看，不禁失声喊道："啊，是他!"她丢下孩子扑到李保印尸体前，放声痛哭起来。陈军光和吴乐天，急忙问中年妇女："李保印是你什么人?"那中年妇女捧起一只干粮袋，抽泣着说："他是俺的救命恩人。"陈军光和吴乐天一看，这正是李保印同志的干粮袋。

现在，他们明白了：在李保印外出筹粮的7天7夜里，那一袋玉米花他一粒也舍不得吃。在最困难、最危急的关头，他为了同志，为了人民，忘却了自己，不惜献出宝贵的生命。

坚持以诚立身的高允

魏世祖太武帝时，高允与司徒崔浩奉命一同著成《国纪》。高允任侍郎、从事中郎兼任著书郎。他精通天文历法，在著述过程中，经常匡正崔浩的谬误，令人叹服。

当时，有著作令史闵湛等人乖巧奸佞，深得崔浩信任。见崔浩注释的《诗》《论语》《尚书》《易》，便上奏章，说马、郑、王、贾所注疏的《六经》，疏漏谬误之处很多，不如崔浩所注精微，因而请求将这些在境内流行的各家注疏书籍统统搜集收藏，颁发崔浩的注书让天下人学习。同时请求世祖赐命，让崔浩再注释《礼传》，以使后生晚辈们能够真正领会其中的义理。有人抬轿子，大事吹捧，崔浩飘飘然不知所以。闵湛阿谀有功，崔浩心中有数，决不能亏待，上表推荐，称赞他有著述的才华。不久，闵湛又怂恿崔浩将其撰写的《国纪》全文刊刻在石碑上，立于交通要道，求永垂不朽，并借以彰明崔浩秉笔直书的事迹。高允听说后，忧心忡忡，料知崔浩这样得意忘形，必无好结果。他不无担心地对著作郎宗钦说："闵湛所作所为，实在是岌岌可危，恐怕会给崔浩宗族招来永世大祸，我们也很难幸免。"

高允料事如神，不久果然事发，崔浩因撰写《国纪》触怒世祖，被收押在审。此时高允在中书省供职，恭宗已被世祖立为太子，曾由高允讲授经史，对他很敬重，见高允因参与《国纪》的撰写也将受到牵连，就设法救助。他派东宫侍郎吴延请来高允，让他留在宫内。第二天，恭宗奏明世祖，命高允陪同自己进宫朝见。到了宫门口，恭宗说："现你我一同进见至尊，进去后我自会为你疏导，至尊如果询问，你只要依我的意思回答即可。"

二人进宫面见世祖，恭宗小心翼翼地说道："中书侍郎高允一直在臣宫中，与臣相处多年，一向小心谨慎，臣对此十分清楚。他虽与崔浩共事，但位卑言轻，受崔浩制约，责在崔浩，请赦高允不死。”世祖召高允进前问道：“《国纪》是否皆为崔浩所作？”高允答：“《太祖纪》为前著作郎邓渊所撰，《先帝纪》及《今纪》，臣与崔浩同作，但崔浩综理全面，事务繁杂，虽是共撰，其实不过总审裁断而已。至于书中注疏，臣所做多于崔浩。”世祖闻言大怒：“如此说来，你罪更甚于崔浩，岂能放你生路。”恭宗见世祖发怒，事情不妙，马上插话解释辩白：“父皇息怒，高允乃一介小臣，恐惧迷乱以至语无伦次。臣过去曾详细查问，高允都称《国纪》为崔浩所作。”高祖再问高允：“果然如太子所言？”高允面无惧色，从容作答：“臣才疏学浅，著述多有谬误，有违圣恩，又触怒天威，臣已知罪，罪该灭族。臣死在即日，不敢胡言妄说，欺蒙圣听。太子殿下因臣随侍左右讲授经学多年，可怜臣下，故极力为臣请求宽免，其实殿下并未曾问臣，臣下也无此言。臣如实奏报，不敢隐瞒。”世祖听罢，怒气顿消，对恭宗道：“真是直言不讳！这也是人情所难，临死而不巧语饰过，岂不难哉。且为臣不欺君，告朕以实情，真是忠贞之臣。虽然有罪，也可宽免。”于是，高允得到了赦免。世祖随即召来崔浩，命人诘问，崔浩惶恐迷乱，不能应答，哪似高允，事事申说得清清楚楚，有条有理。这令世祖愈发恼怒，命高允拟写诏书，将崔浩以下、僮仆小吏以上共128人，满门抄斩，株连5族。

高允受命草拟诏书，但他迟迟不肯写，世祖频频派人催问，高允请求再进见世祖，说明情况然后才好拟诏。世祖应允，高允面奏说：“崔浩获罪，若另有罪状，臣不敢多言，但若仅以此事论罪，罪不该死。”世祖一听，勃然大怒，命侍卫将高允拿下，恭宗只得再次上前求情。世祖道：“不是此人劝谏，更要致死数千人。”恭宗与高允再不敢多说，拜谢退下。崔浩最终仍遭灭族灭门之祸，崔浩僚属僮吏也都被处死，但仅止于本人，不累及妻子儿女。著作郎宗钦临刑前，想起高允当时的预言，长叹一声：“高允有先见之明，简直是个圣人啊！”

事过之后，恭宗曾责备高允说：“做人应知道随机应变，否则多读书又有何益。当时我为你安排导引，你为何不依我言行事，以至触怒圣帝，雷霆万钧，至今想起仍心有余悸。”

高允当时何尝不明白恭宗的一片苦心，但他自有一番道理，此时才告之恭宗："臣是一东野凡夫俗子，本无意做官，不想被朝廷征召，沐浴圣恩，在中书省为官。自思多年来尸位素餐，枉享官荣，妨碍贤良，心中每每不安。至于说到史籍，应为帝王言行实录，是将来的借鉴，今日借此可以了解过去，后代借此可以知晓今朝，因此言行举动，无不一一记载，为人君者自然对此分外审慎。崔浩世受皇恩，荣耀一时，而辜负圣恩，以至自取灭亡，崔浩其人其事，确有可非议之处。崔浩以平庸之才，而承担栋梁重任，在朝内没有忠诚正直的节操，退归没有雍容自得的称誉，私欲吞没了清廉，个人好恶掩盖了正直与公理，这些应是崔浩的罪责，至于其记载朝廷起居之事，评论国家政事得失，本是撰写史书的惯例，并没有过多违背。臣与崔浩共撰一书，同担一事，亦是事实。死生荣辱，不该有别，依理而言，臣不应有所特殊。今日获免，由衷感激殿下再生之恩。臣违心苟且求免，并非臣之本意。"

高允一席话掷地有声，恭宗听罢，为之动容，又连连慨叹。

以诚信谋财的霍金士

诚实作为一种谋略固然有些不妥，但如果集诚实和商业上的精明为一体则是一种超高的谋略。这种谋略在处世上不管你从事什么行业都可使你立于不败之地。

在美国，有一位农家子弟，完全靠个人的力量做起食品加工业，后来竟成为国际知名企业家，这个人就是美国的亨利·J·霍金士。

霍金士一生保持了农民那种纯朴的性格，他在企业界获得成功，很大程度上正是靠了这种诚实的性格。当然，在商业上仅靠厚道是不够的，同时还必须兼备另一种才能，那就是经营的能力和创业精神。霍金士正是一位能把农民的诚实和商人的精明融为一体的企业家。

霍金士在经营食品加工业初期，美国的《纯正食品法》还没有制定，有不少食品业人员在食品中乱加一些东西，危害着人们的健康。

霍金士一开始就反对这样做。他认为，赚钱要赚得正正当当，尤其是干食品这一行，不能为了赚钱而损害消费者的利益，甚至危害消费者的健康。他说："供应消费者优良的食品是我们的天职，不能一味在价格上做文章，在原料上动手脚。"保证食品纯正，这就是他在经营上的大原则。

他还严格要求本公司的职工，要抱着"这些食品是我们自己吃"的心理去工作，要特别注意卫生。

但在价格问题上，他"从不迁就消费者"。他认为，自己既然提供的是优质产品，理应得到相当的价格；消费者既然吃到纯正的食品，就必须付出相当的费用。

霍金士坚持自己的原则几乎到了固执的地步，这在同行中受到了不少的非议。由于他坚持质地纯正，做到：凡要在食品中加入任何东西，必须经过专家试验，证明这样做于人体无害，方可投产。给食品添加防腐剂也不例外。经过试验，证明防腐剂对人体有害，霍金士看了实验报告，大为震惊。因为同行几乎在所有的食品中都添加了这种防腐剂，这已经成为一种习惯。他决定将这份实验报告公布于众。但专家建议他再冷静地考虑一下，因为这可能会在食品业引起轩然大波，结果很可能遭到同行的反对和排斥，给自己带来不必要的麻烦。而且，在食品中添加防腐剂有利于食品存放和保鲜，如果反对添加防腐剂，势必会给食品工业带来困难，从而也给自己的企业带来困难。

尽管专家提出了这样一些非常实际的反对意见，但霍金士还是坚持自己的意见：将实验结果公布于众！"既然我们知道了事情的真相，我们就不能向大众隐瞒。不管后果如何，必须马上向消费者宣告，这是我们应尽的责任。"

霍金士向社会公布了防腐剂有害的实验报告，果然不出专家所料，他的举动在食品业引起轩然大波。同行为了保护自己的利益，举行了一次声势浩大的集会，把霍金士说成是"荒谬至极、别有用心"之人。他们还联合起来，在业务上排挤霍金士，想把霍金士彻底打倒。

这确实给霍金士的亨氏公司带来了很大的困难！产品销售量大减，市场份额几乎被别的公司抢占完了。

食品纯正运动持续了三四年之久。1906 年，美国政府终于制定了《纯正食品法》。这一法规的创立，使美国食品在国际上的声誉大振，这是霍金士始料未及的。

更重要的是，霍金士在三四年的磨难中，非但没有被挤垮，反而获得了全胜。他的食品也由此迎来了大发展的黄金时代。

当人们前来向霍金士祝贺时，他把自己的心里话掏了出来："我从小没有学过做生意，后来变成了生意人，是因为我看到很多农产品因为没有销路而被弃置于田野，感到非常可惜。我一开始经商就不习惯商界的虚假和欺骗行为，支配我想法的是，生意人也应像平常人一样，不能尽做损人利己的事。"

勤奋是实现理想的保证

QINFEN SHI SHIXIAN LIXIANG DE BAOZHENG

每天只睡五个半小时

不管有多么美好的理想，如果不通过辛勤地劳作和不懈地努力，都是无法实现的。

1924 年 1 月，革命导师列宁身患重病生命垂危，床边的桌子上放着一本他正在读的书《热爱生命》。去世前两天的晚上，夫人克鲁普斯卡娅给他读了书中人与饿狼展开殊死搏斗，最后取得胜利的一段故事。列宁特别喜欢这段故事。这本书的作者就是美国著名小说家杰克·伦敦。

杰克·伦敦于 1876 年生于美国旧金山一个贫寒的农民家里。从 11 岁起，他就开始独立生活。这以后，他当过工人、水手、淘金者、流浪汉，几乎走遍了美国，吃够了苦头，受尽了折磨。同时，也广泛了解了社会，收集了大量写作素材。

1899 年，他的小说《给猎人》《白色的寂寥》等相继发表，在美国文坛产生了广泛影响，他一跃成为知名作家。

他写作非常勤奋。他要求自己每天工作不得少于 16 至 18 小时。他只准自己睡五个半小时，调好闹钟，按时起床，一分钟也不多睡。

他成年累月坚持每星期写六天，倘有一天因故耽搁，第二天一定补足。

他写作非常严肃认真。动笔之前，深思熟虑，打好腹稿，所以成文之后，几乎很少改动，而且书写非常工整。他通常每天写两千字就不再多写了。他认为每天三四千字的速度，写不出好作品来。因为作品不是从墨水瓶里流出来的，而是要像砌墙一样，对每块砖都经过慎重地选择。

由于他的勤奋、认真，他的一生虽只有 40 年，而文学活动只有 16 年，仍旧写出了近 50 部作品，而且这些作品在美国文学史上占有相当重要的地位，有的成为世界名著。

坚持一生的自学习惯

本杰明·富兰克林小时候非常爱学习，可他只上了两年小学，12 岁开始就到哥哥开的印刷所当学徒。在印刷所，他浏览了许多著作，养成了良好的自学习惯，还经常学写文章。15 岁那年，哥哥筹办了一份报纸，富兰克林想在上面试一试自己的文笔。他想，哥哥肯定不会采用自己的稿子，就化名写了一篇文章，半夜里悄悄放在印刷所门口。第二天，哥哥果然发现了，请人审阅觉得不错，就发表了。以后，富兰克林常常如法炮制，瞒着哥哥发表了不少文章。

17 岁时，他离开家乡到费城一家印刷厂当工人。他良好的自学习惯一点没变，尽管收入很少，还是千方百计省出钱来买书。有时为了买书，就要饿上一整天。

有一次，他在路上看到一位满头白发的老奶奶，饿得走不动了，就把自己仅有的一块面包给了她。这样一来，他自己就得饿肚子了。但是他拿出书来，心里想："对我来说，只要不饿死，读书的滋味比面包好多了。"

富兰克林不但学习努力，做事也非常勤快踏实，从不偷懒，大家都很喜欢他。看到他这么爱学习，有的人就主动借书给他。富兰克林对借来的书十分爱惜，从不乱折乱涂，有破损处还主动修补好，所以大家更乐意把书借给他了。

富兰克林给自己制订了一个“达到道德圆满的勇敢而艰苦的计划”，订了个小本子，专门记录道德修养方面的过与失。每天早晨，他还要定好当天的工作和学习计划，晚上自我检查。从 17 岁开始，天天如此。

富兰克林靠着自学，掌握了法语、意大利语和拉丁语等多种语言，阅读各种著作更加方便。他聚集起一帮好学青年，每当一天工作结束之后，他们就讨论各种社会问题和自然科学问题，定期宣读各人所写的论文。大家学习的劲头很大，讨论的问题涉及到许多科学领域，但大家所掌握的知识毕竟有限，有时碰到一些疑难问题，谁也解答不了。

遇到这种情况怎么解决呢？富兰克林想出一个好主意，他建议大家把藏书都集中起来，互相取自己所需的借阅，以此让大家读到更多的书，增加更多的知识。在这个基础上，富兰克林拟订了一个详细的计划，到处筹集资金，在费城建立起全美洲第一所公共图书馆。

富兰克林挤出分分秒秒的时间不断学习，为在生命的航船上扬起知识的风帆，驶向科学王国的彼岸而做好充分的准备。

1746 年，英国学者斯宾士在波士顿做电学表演实验，富兰克林也去观看。实验结束后，斯宾士把一部分仪器送给富兰克林。富兰克林对电学的浓厚兴趣被激发了，又托人从伦敦弄来一只莱顿瓶，从此闯入了电学这块“待开垦的处女地”。

富兰克林是做物理实验的能手，不到几个月，就取得了一个重要发现，总结出电荷有正电和负电两类，为定量研究电荷的性质打下了基础。接着又进一步提出，电荷不能创生，也不能消灭，只能从一个物体转移到另一个物体。

为了揭开雷电现象的秘密，他冒着危险做了著名的“电风筝”实验，证实天电和地电是完全一样的。弄清雷电的性质后，他发明了避雷针，在科学史上写下了光辉的一页。

求知若渴的罗蒙诺索夫

俄国著名科学家罗蒙诺索夫是一个渔民的儿子，他 10 岁就下海捕鱼，没有机会上学。可他非常爱学习，有空时就跟着一个邻居学识字。有一次，他跟父亲去邻村一户村民家，在那户人家发现了一本科学读物《算术》，就恳求那家送给他。那家的儿子提出要用一只活的小海象来换。当时不是捕海象的季节，上哪儿去弄小海象呢？求知心切的罗蒙诺索夫用白干40天活的代价，从一个商人那儿换来了一只小海象。

他满怀喜悦把海象送给那户人家的儿子，那人却恶作剧地要罗蒙诺索夫再在坟场上睡一晚上。为了得到书，罗蒙诺索夫去了坟场，但要睡在那里，他心里感到很害怕。为了不想那些可怕的死人，他望着天上的星星作起诗来。第二天，他终于如愿以偿地得到了向往已久的书。

罗蒙诺索夫渴望学到更多的知识。19岁那年，他向邻居借了三个卢布，步行20多天，来到莫斯科，进入斯拉夫——希腊——拉丁学院，和一群十二三岁的小同学坐在一个教室里上课。

这所学校有个规矩：按成绩排座次，成绩最好的坐第一排，最差的坐最后一排。罗蒙诺索夫一个拉丁文都不识，坐在了最后一排。小同学们趁机起哄他：大傻瓜来啦！他对这些毫不理会，每天用心听课，刻苦学习，成绩越来越好。他的座位不断向前移动，不久就坐在了第一排。他一年学完了三年的课程，第二年就跳入了四年级，成为全校闻名的优等生。

由于出色的学习成绩，罗蒙诺索夫被选中去德国学习采矿和冶金。他就学于有很高威望的物理化学家沃尔夫教授，教授经常教导他说："不要生活在别人的智慧里，即使对著名的学者，也不应盲目信任。"

在德国学了五年回来后，他冲破重重阻力，前后奔走好些年，建立了俄国第一座化学实验室。从此，他在那里大显身手，研究了许多化学和物理知识，取得了丰硕的成果。

那时候，化学还没有统一的理论，对一些已知的化学现象有人用一些唯心的观点来解释。例如，对燃烧这个现象，有人认为可燃物中有一种叫做"燃素"的东西，它是一种特殊的发热的流动体，一会儿侵入物体内部同物体结合在一起，引起燃烧，一会儿飘浮在空中。燃烧时，燃素以光和热的形式放出去了，但燃烧物的重量会增加，这是因为燃素有负的质量。然而，燃素到底是什么？谁也不知道。许多人用各种办法寻找燃素，可谁也没找到。

罗蒙诺索夫决心用实验揭开这个谜。他把金属屑倒进曲颈玻璃瓶，封好瓶口，称准重量，放到火上煅烧。金属屑烧成灰末后又冷却称重。结果发现每次燃烧前后玻璃瓶重量都没有变化。但如果打开瓶口，空气进入后，玻璃瓶的重量就会增加。罗蒙诺索夫断定：金属燃烧时变重是因为与空气（其实是氧）化合的结果，所谓的燃素根本不存在。又经过许多次观察和实验，他发现所有参加反应的物质总重量一定等于反应后生成物的总重量。据此，罗蒙诺索夫提出了物质和运动不灭的概念，有力地冲击了当时在化学上占统治地位的燃素学说。

环境优越也要勤奋

宋朝初年，我国有个博学多才的人，他精书法，善绘画，喜著书。他家有几万卷藏书，其中有几千卷是他手抄的！可他绝不是舞文弄墨的闲散书生，他就是古代知名的建筑学家李诫。

李诫出生在富贵家庭，他的上代都在朝廷做大官，门第显赫。优越的家庭生活并没有使李诫成为娇生惯养、不学无术的公子哥，优越的学习条件加上勤奋的学习态度使他成了一位远近闻名的大学者。

李诫曾在主管建筑工程的将作监任官职。在职期间，他看到有些主管建筑工程的官吏由于不懂建筑技术，对工程设计又缺乏必要的核算和检查，往往使营建工程不能保质保量地完成，而且浪费极大。他决心靠自己的努力尽可能消除这方面的弊端。因此，他平时十分注意学习工程技术和管理方面的知识，刻苦研究。在主持兴建了许多大型建筑工程后，他积累了丰富的建筑经验和管理知识，对施工中整套的工艺技术了如指掌，成了一代大建筑家。

1097年，李诫受朝廷旨意，编修《营造法式》。编修《营造法式》的目的是为了统一营造规范，建立标准设计，防止贪污浪费，保证建筑的质量。

李诫受命后，查阅了大量有关建筑史料，吸取前人的经验；请教了许多建筑工匠，共同分析比较各种方法的优缺点；精心校正和找出了各种构件的尺寸比例。经过辛勤地努力，终于完成了《营造法式》的编修工作。《营造法式》共有36卷，内容极其丰富，是当时世界上木构建筑最先进的典籍。现在它仍然是研究古代建筑技艺和规范制度的重要典籍。

宝剑锋从磨砺出

唐朝有个著名大诗人，名叫白居易（772—846年），号乐天，祖籍太原，出生在河南新郑县。

白居易的诗歌，光保留到现在的就有2806首。在我国文学史上，除了宋代的陆游，就数他的作品最多了。

他写的诗歌，读起来朗朗上口，通俗易懂，连老太太和儿童都能听懂。又因为他敢于揭露统治阶级的罪恶，同情人民大众的疾苦，所以当时就流传很广。根据记载，那时不管是学校、寺庙、旅店、客船、驿站和街头，到处都抄着他的诗歌；不管是妇女、儿童、士兵、农夫、和尚、尼姑，人人都喜欢朗读。真是“诗歌已满行人路”！

他的诗歌，不仅在国内传播很广，而且还传到了国外。像当时的日本等国，有谁得到白居易的诗歌，简直就像得到宝贝似的。

那么，白居易的诗歌为什么写得这么好？主要的原因，是他能够深入实际，刻苦学习，又能虚心听取意见，有了成绩也不骄傲。

据记载，白居易写诗，为了做到通俗易懂，常常去征求别人的意见。如果别人说“听不懂”，他就要继续修改，一直修改到连老太太都能听懂为止。

在16岁那年，他到当时的京城长安去参加考试。在考试之前，他先把自己的作品拿去给一位前辈诗人看。这位前辈诗人名叫顾况，当时在诗坛上很有名气，为人又很幽默有趣。看到这位年轻诗人名叫白居易，就跟他开玩笑说：“居易呀居易，长安的柴米这么贵，居住下来恐怕很不容易吧？”

一面说着，一面便打开了他的诗卷。诗卷的开头一首，便是《赋得古原草送别》。当读到“野火烧不尽，春风吹又生”这两句时，非常高兴地说：“哎呀，能写这么好的诗，居住在长安可就没问题啦。”顾况到处替白居易宣传，白居易的名声也就传开了。

白居易十五六岁时，就能写出那么好的诗来，可真是不容易啊！但是白居易并没有因此骄傲自满，而是越来越努力了。在他和他的一位朋友的通信中，比较集中地讲了他的读书和写作情况。他说：“我从五六岁的时候就开始学习作诗。9 岁时学懂了写诗时怎样运用声韵。十五六岁的时候，知道的事情多了，更求上进，读书就更加刻苦了。20 岁以后，白天认真钻研词赋，晚上努力读书，又挤时间学习写诗，忙得连睡觉的时间都挤掉了。由于过度劳累，以至于满嘴生了口疮，手上和肘上磨起了老茧。”

白居易的生活经历为我们提供了很好的学习经验。

白居易 5 岁学习写诗，9 岁通晓音韵，看来他从小就打下了良好的学习基础；十五六岁时就能写出那么好的作品，说明他学习非常用功，因而很早就在创作上取得了成就；写了诗征求别人的意见，这又说明他很虚心，不骄傲；从他为我们留下的作品看，说明他一生都在努力地学习和写作。

不贪图捷径的达·芬奇

达·芬奇的童年是在家乡度过的，他从小勤奋好学，善于思考。他对绘画有特别的爱好，也喜欢玩弄黏土做一些稀奇古怪的玩意儿。他常常跑到小镇的街上去写生，邻居们都称赞他是“小画家”。有一天，达·芬奇在一块木板上画着一些蝙蝠、蝴蝶、蚱蜢之类的小动物，他的父亲看见了，觉得画得不错。为了培养他的兴趣，1466 年，父亲送他到佛罗伦萨著名艺术家佛洛基阿的画坊去学艺，那时，他正好 14 岁。

佛洛基阿是一位富有经验的画师，对学生要求十分严格，他教达·芬奇的第一课就是画鸡蛋。从此，达·芬奇根据老师的要求，每天拿着鸡蛋，一丝不苟地照着画。画了一年、两年，达·芬奇有点不耐烦了。有一天，他实在忍不住了，便问道："老师，为什么老是让我画鸡蛋呢？"佛洛基阿听了，耐心地对他说："别以为画蛋很简单、很容易。1000只蛋当中，从来没有两只形状是完全相同的。即使是同一只蛋，只要变换一个角度，形状便立即不同了，比如，把头抬高一点，或者眼睛看低一点，这个蛋的轮廓也有差异。如果要在画纸上准确地把它表现出来，非要下一番苦功不可。多画蛋，就是训练眼睛去观察形象，训练随心所欲地表现事物，等到手眼一致，那么对任何形象都能应付自如了。绘画，基本功是最重要的，你不要浅尝辄止，要耐心地画下去啊！"达·芬奇点头称是，于是更加认真刻苦地画起来。

这生动的一课，不仅为达·芬奇的绘画艺术打下了基础，而且对他以后钻研多方面学问都很有启迪。达·芬奇在此整整苦学了10年，不但在艺术方面得到了良好的学习和训练，而且还结识了一批艺术家和学者，阅读了很多书，在许多领域都打下了知识基础。

后来，达·芬奇在总结童年学画的经验时，他告诉下一代艺术爱好者们说："……你们天生爱画，所以我对你们说，你们若想学得物体形态的知识，须由细节入手。第一阶段尚未记牢，尚未练习纯熟，切勿进入第二阶段，否则就虚耗光阴，徒然延长了学习年限。切记，艺术靠勤奋，不要贪图捷径。"

托尔斯泰的辛勤写作

《复活》是列夫·托尔斯泰晚年的名作。卡秋莎·玛丝洛娃，是《复活》中的女主人公。托尔斯泰塑造这个饱经风霜的妇女形象，可说是呕心沥血。

第一次落笔，托尔斯泰对卡秋莎作了如下的描绘："她是一个瘦削而丑陋的黑发女人，她所以丑陋，是因为她那个扁塌的鼻子。"

写罢一读，他感到写得不恰当。《复活》的故事，是从青年聂赫朵夫和卡秋莎两人相见开始的，不应把她写得太丑。于是，托尔斯泰改写了卡秋莎的形象："她的一头黑发梳成一条光滑的大辫子。有一对不大的，但是黑得异乎寻常的发亮的眼睛，颊上一片红晕，主要的是，她浑身烙上了一个纯洁的印记。"

"不妥！"托尔斯泰改好后读着，心里暗暗地说。"没有把卡秋莎的神情写出来。"于是改为："高高的个子，带着凝神和病态的样子。"

但他又涂抹了这一句，把卡秋莎写成了："矮矮的个子，与其说是胖的，不如说她是瘦的。"

后来，又改了："她的脸可以说是美的……"

刚写好马上再改成："她的脸本来并不漂亮，而且在脸上带着堕落过的痕迹。"

托尔斯泰一改再改，最后似乎感到满意了，就把手稿交给别人去抄写。这时，卡秋莎的形象是这样的：一个矮矮个子的黑发女人，与其说她是胖的，还不如说她是瘦的，她的脸本来并不漂亮，而且脸上带着堕落过的痕迹。"

然而抄本送到托尔斯泰手中，他将卡秋莎另画了一幅新的形象——"美丽的前额，卷曲的黑发，匀正的鼻子，在两条平直的眉毛下面，有一双秀丽的黑眼睛。"

这样的卡秋莎，美丽可爱，纯粹是位天真的姑娘，没一点丑陋，没一点堕落过的痕迹。这样写，显然不符合艺术的真实性，违背卡秋莎走过的曲折的生活道路和人物的特点。托尔斯泰不得不提起笔来改写成："她穿着一种镶花边的绿色衣服……长着一张使男人见了不得不再回头看一下的，富有迷惑力的脸……"

但这样写，卡秋莎又是一派放荡的神情了。托尔斯泰感到这样写会影响整篇小说的，一时困惑矛盾起来。他干脆不再写下去，冷静地琢磨一番，去寻找不能写好卡秋莎的原因。后来，他终于捉摸到了，他在日记中写道："我明白了，为什么《复活》写不下去呢？因为开头就是虚构的……明白了这一点，我懂得了应该从农民的生活着手，农民是对象，他们是好的……应该从农民生活着手，我要马上动笔。”

托尔斯泰找到《复活》应该从同情农民这一主题思想的方向着手，服从这主题去塑造卡秋莎才对。于是，把卡秋莎的形象写成：“从牢房的门口走出一位个子不高，穿着灰色外衣的青年女人。她头上缠着一块白色的头巾，但还是看得出她那乌黑的头发，下面是一个美丽的白净的不高的额头。这个女人的脸上带着一副憔悴的病容，一双乌黑而微微浮肿的眼睛斜视着。”

这是第 12 次的手稿。

托尔斯泰不再把卡秋莎的过去看成是堕落，而是看作贫困了。托尔斯泰高兴之后，并不满足这一描写，为了把卡秋莎的形象写得更鲜明、更完美，又思考着、修改着，把“这女人的脸上带着一副憔悴的病容”，改成“这女人的面色显出长久受着监禁的人的那种苍白”，写出卡秋莎所处的特定环境。紧接着这一句，他又加了一句修饰语：“叫人联想到地窖里储藏着的番薯所发的芽。”把她写得更形象些。

托尔斯泰后来又改了又改，到最后，在他第 20 次的手稿上，才是我们现在看到的卡秋莎的形象——“一个小小的年轻的女人，外面套着一件灰色的大衣。她头上扎着头巾，明明故意地让一两绺头发从头巾里面溜出来，披出额角。这女人的面色显出长久受着监禁的那种苍白，叫人联想到地窖储藏着的番薯所发的芽。两只眼睛又黑又亮，虽然浮肿，却仍旧放光，其中有一只眼睛稍稍有点斜睨。”

为了写好一个人物容貌，托尔斯泰不惜作了 20 次修改。写《复活》是这样，他写其他作品也如此。他写《安娜·卡列尼娜》，仅开头就曾作了 10 种不同的写法；他写《战争与和平》，前后改写 15 次之多。这是他对创作的严肃态度，也是他的作品之所以具有艺术魅力的奥秘。

终生写作的左拉

在巴黎圣·维多大街 35 号的小阁楼里，一个青年用破毛毯裹住全身，在撑起的膝盖上摊开一本拍纸簿，一手持烛，一手奋笔疾书。这位青年就是法国19世纪的批判现实主义作家、法国自然主义文学的主要倡导者左拉。

左拉1840年4月2日出生于巴黎。7岁的时候，他的父亲就死去了，家中时时受到贫困的威胁。幸好外祖母时时接济他们，使他们得以凑合着过活。1857年，外祖母病逝，他们的生活更加困难。他靠助学金上到中学毕业。19岁时，因大学会考连连失败，只得独自谋生。他不会任何技艺，备尝失业的辛酸。他常常只能靠在屋顶捕麻雀和捡拾富人家扔掉的鱼头鱼尾充饥。他贫穷，但不气馁，怀着当作家的理想，坚持进行创作。

1862年，他进阿晒特书局当店员。不久，老板读了他的诗篇，发现尚有才气，便擢升他为广告部主任。在任职期间，他发奋写作，开始陆续在报刊上发表作品，也得以结识文学界的著名人物。

后来，当局以他的作品对社会风气有害为名，要他停止写作，否则就砸烂他的饭碗。左拉不怕丢掉工作，不怕忍饥挨饿，不怕未婚妻离开他，毅然决然走自己的文学创作道路。

从1871年到1893年，勤劳不息的左拉整整伏案写作了22年，终于写成了《卢贡·马卡尔家族》。全书共20部，长达600万字，出场人物多达千余人。书的内容几乎涉及法兰西第二帝国社会生活的各个方面：政治、军事、宗教、商业、金融、科学、艺术、日常生活……其卷帙之浩繁，堪称继巴尔扎克的《人间喜剧》之后的又一部罕见的文学巨著。他取得这一成就后仍未停笔，1894年后又陆续写出《三个城市》《四福音书》（共4部，只完成3部）等长篇。

曾经倒数第一的苏步青

苏步青9岁那年，父亲送他进县城第一小学当一年级的插班生。从山沟里来到县城，苏步青大开眼界，看到的、听到的样样都感到新鲜。他整天玩耍，把功课全丢到脑后了，期末考试苏步青竟得了倒数第一名。

第二年，苏步青转到水头镇求学。因为家庭贫穷，有的老师看不起他，甚至还故意刁难。有一次，他写了一篇作文，其中有两句佳句，整篇文章也写得很有特色。不料老师却怀疑他是抄来的，后来查清是他自己写的，仍给他的作文批了“差等”。这件事深深地伤害了苏步青的自尊心，他就用不听课、尽情玩耍来抗议。结果，这年他又得了倒数第一名。

新学年开始，一位叫陈玉峰的老师发现这小孩挺聪明，就是贪玩不用功，就找他谈话，并启发他“不好好念书就是对不起父母”。苏步青听后，觉得惭愧，但心里并不服气。陈老师又循循善诱道：“文章好坏，不是哪个老师决定的，个人的前途靠自己去争取。我看你的资质不差，又能吃苦，只要努力学习，一定会成为有用的人才。”

陈老师的话像鼓槌一样，敲着苏步青的心。他左思右想，决心不辜负老师的期望，做一个有所作为的人。

从此，苏步青发愤学习。为了看懂《东周列国志》，他步行了几十里山路，向别人借来《康熙字典》，遇到难字生字，他总要逐个查阅、弄懂。假日，他回家一边放牛，一边骑在牛背上背诵《唐诗三百首》。

这学年，他一跃成为全班第一名。在以后的求学期间，他每次考试成绩都是第一。

1914 年，苏步青以优异的成绩考入中学。这时，他已经能滚瓜烂熟地背诵《左传》，由于他博览群书，在同学中获得了“文人”的称号。后来，他走上了数学的道路，成为我国著名的数学家。

没有文凭的历史学家

中国历史文献研究会会长、华中师范大学历史系教授张舜徽，湖南沅江县人，1911 年 8 月 5 日出生。他著作宏富，研究精深，对我国史学作出了卓越的贡献。然而，他竟是完全靠自学成才的，人们赞誉他是“没有文凭的历史学家”。

张舜徽 19 岁时读《资治通鉴》，7 个月将 294 卷的大书读完，并写了简明的札记。后来，又用 10 年的功夫，读完了 3259 卷的《二十四史》，从《史记》到《隋书》，都用朱笔圈点。他一生自少至老，从未睡过懒觉；日历上也从未有星期天和节假日。他自学出身，经过长期奋斗，终于由一个中学教师，当上了大学教授。他以清初学者唐甄的《潜书 · 七十》中的一段话为座右铭："我发虽变，我心不变；我齿虽堕，我心不堕。岂惟不变不堕，将反其心予发长齿产之时。人谓老过学时，我谓老正学时。今者七十，乃我用力之时也……老而学成，如吴农获谷，必在立冬之后，虽欲先之而不能也。学虽易成，年不我假，敏以求之，不可少待。不然，行百里者，九十而暮，悔何及矣！"他经常用这段话提醒自己，争取晚年在学术研究方面，努力为党和人民做些有益的工作。就是在那动乱的年代，他白天挨批斗，晚上争取时间写作。经过 10 年苦干，整理出一大批研究成果。其中《说文解字约注》有 200 多万字，誊写清稿就花了 3 年半时间，竟写秃了 50 多支大小毛笔。

勤奋的总裁胡雅特

世界著名的洲际大饭店总裁罗伯 · 胡雅特小时候家境贫穷，年仅 14 岁就被母亲送到一家大饭店做杂工。幼小的他对"工作"二字没有任何理解，无奈的母亲只好哄他说："到那里后你可以吃得好、住得好。"胡雅特就这样稀里糊涂地到那家大饭店上班去了。

但在大饭店当学徒并不是件简单的事情，小胡雅特经常挨师傅的打骂，苦不堪言。但在母亲的鼓励下，他坚持了下来。光阴似箭，一晃就是 3 年过去了，胡雅特的机会来了。胡雅特所在的可丽珑大饭店要派几名职员到英国实习，经过考试，他顺利通过。原因很简单，他在此之前就下工夫学了 3 年的英语。他最初学习英语的目的只是为了工作，并没有想到会产生其他什么作用。

真是功夫不负有心人。一年后胡雅特返回法国，由侍者升为领班。这时，他对观光饭店的工作已经产生了浓厚的兴趣，由被动的工作状态逐渐转化为一种自觉、积极的工作认识。

很快，第二个机会又来了。德国广场大饭店想和可丽珑大饭店交换一名服务人员，互相培训。这本来是旅店业之间常有的事，但胡雅特认识到这是充实自己的好机会。于是他找到戴奎士经理，要求赴德国实习。

到德国后，他在德国广场大饭店从事一项自己最不熟悉的工作——招揽顾客。而在可丽珑大饭店，老板是不可能让他干这个工作的，因为他是生手。但在广场大饭店，他就能从事这项工作，因为他是见习生，即使做得不够好，也没有人会与他计较。此时正是20世纪30年代，整个世界的经济都处于萧条之中，生意非常惨淡。可是，胡雅特却千方百计地想办法做好自己的本职工作。他根据饭店里保存下来的过去的旅客资料，设计出不同的信函分别寄出，向旅客致以问候，并邀请他们来德国时到广场大饭店下榻。这样做效果奇好，客源量稳步上升，从而使广场大饭店度过了困难时期。因为在德国表现出色，胡雅特得到广场大饭店老板的极力推荐，加上戴奎士本来也赏识他，就把他提拔为业务部副经理。

这时，他已经学会了三国语言，也去过欧洲的很多国家，只是还没有到过他最向往的美国。

就在这时他的第三次机会又来了，这次是他向老板申请自费去美国考察。而戴奎士为了奖励他多年来的贡献，竟特准他以公假的形式去美国考察，一些费用也准予报销。

带着戴奎士的推荐信，胡雅特来到了美国的华尔道夫大饭店。华尔道夫大饭店的总裁柏墨尔没有想到胡雅特竟然提出要到餐饮部去工作，更令人感到大惑不解的是，他对餐饮部经理说他想擦地，那个经理马上愣住了。胡雅特开玩笑说："擦地有什么不可以？也许你们美国的地板和法国的有很大不同呢。"

过了几天，总裁柏墨尔到餐饮部视察，正好看到有一面之缘的胡雅特正在擦地板，柏墨尔大为惊奇："你不是法国来的胡雅特吗？"

“是的。”

“你不是在可丽珑大饭店当副经理吗？怎么到我们这里来擦地板呢?”

“我想亲身体验一下美国的地板和我们的有什么不同。”

“你以前擦过地板吗?”

“在英国、德国、法国都擦过。这次我想体验一下在美国擦地板的滋味。”

“有什么不同吗?”

“没有亲身体会，很难说清。”

这就是胡雅特的本色。从语言学习到招揽顾客，再到擦地板这种又脏又累的活计，只要是旅馆业所需要的一切知识和工作经历，他都要去“亲身体验”“亲身体会”，什么都要努力去搞懂。舍得如此下工夫的勤奋之人，机会自然随时都会向他招手，财运也会光临他。

每天工作十四个小时

法国雕塑艺术大师罗丹出身于贫寒家庭，父亲是警察局的雇员。虽然他自幼酷爱绘画，但由于父亲的强烈反对，因此只能徘徊在美术学校的大门外。

罗丹后来的伟大成就，更多的是得益于他的勤奋好学。每天天不亮他就起床，先到一个业余画家的家里对着实物画几个小时的素描，接着又急忙赶去上学。晚上从学校回来，还要去博物馆。当时博物馆里有一个专画人体的学习班，他在那里要画上两个小时。除此之外，他还要抽空到图书馆、博物馆，观摩学习古代的雕塑作品。罗丹是在争分夺秒地学习和工作，他说：“为了使我的工作不停顿，哪怕是一秒钟，我每天要工作 14 个小时。”

罗丹 14 岁那年，一个偶然的机会，使他进入了巴黎图画数学学校。在那里，他遇到一位爱才如命的老师——勒考克。勒考克发现罗丹是一株才华初露的幼苗，立刻以极大的热情和严格的态度来精心栽培他。

有一次，罗丹因家庭经济困难无力购买颜料十分难过，一气之下，决定撕掉自己所作的画，永远与艺术告别。勒考克闻讯火速赶来，声色俱厉地对罗丹说："只有我才能决定如何处理你的这些画！我要把这些画保存起来。"

不久，他把罗丹送进雕塑室深造。后来，罗丹在人劝告下报考巴黎官方的美术专科学校，但一连三次都名落孙山。

罗丹绝望了。他悲伤地认为，作为雕塑家，自己的生命已经结束了。这时，勒考克先生又向他伸出了热情的双手，耐心地开导他说："未被录取，这是你可能遇到的最好的事情。要知道，美术学校已经变成了一所古典主义的学校，那里塑造出来的东西千篇一律，毫无感情，非常单调，全是骗人的东西。"

在老师的鼓励下，罗丹重新树立起不断进取的信心和勇气，终于成为继米开朗琪罗之后最有影响力的雕塑家。

木工行里走出的大师

诞生于湖南湘潭农村的齐白石，幼年家境贫寒，仅仅读了不到一年的私塾便失学了。齐白石自幼就因先天性的营养不足而体弱多病，而对于仅有一亩水田来维持生存的全家5口人来说，其艰难可以想见。

齐白石7岁时，已能将祖父教的300来个字背得滚瓜烂熟，牢记于心。祖父认为再也无力教授孙子时，开始长吁短叹，为家庭的贫困不能供养孙子读书，为孙子过人的天分被耽误。好在天无绝人之路，齐白石的外祖父在枫林亭附近的王爷殿设了一所蒙馆。这样，齐白石虽无钱交学费，因为是亲外孙，也得以在外祖父的蒙馆寄学。

聪明的齐白石勤奋好学之余，开始在描红纸上涂鸦起来，没想到他画的东西竟与实物十分相像。不久，他的画在同学中就小有名气而流传开了。

正在齐白石沉浸在读书、绘画的乐趣中的时候，学校放秋忙假了，不巧的是齐白石又生了场病，加上天公不作美，田里歉收，对于又添丁加口的齐家无异于雪上加霜。青黄不接的时候，连饭也没得吃。齐白石的母亲别无他法，哽咽地对他说："年头儿这么紧，糊住嘴巴再说吧！"懂事的齐白石只好无奈地中断了读了不到一年的蒙学。

辍学后的齐白石，平时挑水、种菜、扫地、打柴、放牛等，做一些力所能及的家务事，空闲时间他就读从外祖父那里借来的《论语》，家里能找到的纸片，都被充分利用起来，画满了自己喜欢的画。

齐白石 16 岁时，家里人考虑他身体单薄，重活也干不了，便想让他学一门轻松一点的手艺，加上齐白石自己喜欢画画，经人介绍，他便到当地一个叫周之美的名雕花匠那儿学习雕花技艺，这使他对雕刻产生了极大的兴趣。为了节约钱买笔墨纸砚，他吃最简单的饭食，穿单薄的衣服。齐白石虽然从未中断过画画，但对于精美的仕女画、花卉、走兽图案画，还从未见过和描习过，所以兴致特别高，学得也特别用心，周师傅特别喜爱这个聪明好学的徒弟，没有儿子的他，把齐白石当成亲生儿子看待，常对人夸他那有出息的好徒弟。不久，由于周师傅的好心提携，齐白石在白石铺渐渐也有了名气。20 岁那年，他在做活的时候意外地发现了一套康熙年间刻印的《芥子园画谱》，他如饥似渴地用半年时间全部临摹下来，并且反复临摹，积累了上千张手稿。

1889 年，齐白石在做活的时候，认识了颇有才学的私塾先生胡自倬和陈少蕃先生。

从此，他走上了专门的读书绘画道路，几年下来，齐白石的画像技艺有了很大提高，并在传统绘画的基础之上创造了一些新技法，创作了不少富有诗情画意的作品。30 多岁时，齐白石才开始苦练治印，他拜黎松安、黎铁安为师，把一枚枚印章刻了又磨掉，磨掉了又刻，学得非常辛苦，半年下来，他便掌握了汉印的基础。

1902 年，年近 40 岁的齐白石游历了大江南北，每到一处，他都要游历当地的名山大川，了解当地的风土人情，积累了为数众多的速写作品，同时结识、拜访了许多有真才实学的画界名人，鉴赏、临摹了许多秘籍、名画、书法、碑拓等艺术品。这样大大开阔了他的眼界，提高了他的审美能力和鉴赏能力。

1909 年暮秋，齐白石回到故乡，购置了“寄萍堂”居住，这一住就是 10 年。这期间，齐白石每天除坚持作画外，就是用功苦读诗词，闭门自修。通过这 10 年的刻苦磨砺，基本上形成了齐白石朴实、自然的创作风格。

1919 年初春，齐白石已经 56 岁了，他决计北上，定居北京。初到北京后，齐白石的画并不能卖出，仅靠治印维生，生活极为贫困。但他不断地从黄宾虹等人的画中吸取营养，后来便来了个衰年变法，创造了中国画工笔草虫和写意花卉相结合的特殊风格，终于在陈师曾的提携下，名声大振。

1927 年初春，齐白石被国立北平艺术专科学校校长林风眠聘请为教授。他把自己几十年的绘画创作经验毫无保留地传授给学生，著名画家王雪涛、李苦禅、李可染等，都成了他的得意门生。在 10 多年中，他居然创作出了万幅以上的作品。

80 岁前后，齐白石治印的篆法、章法、刀法都表现出了鲜明的特色，被誉为“印坛泰斗”。

其画作造型简括、神态生动、笔力雄健、墨色强烈，书与印苍劲豪迈、刀笔泼辣、神奇趣逸。他将画、印、诗、书熔为一炉，使中国传统艺术水平升到新的高度。

1937 年，日军侵占北平，北平沦陷之后，齐白石愤然辞去了北平艺术学院教授的职务，从此紧闭大门，充分表现了这位艺术老人的民族气节。1939 年，为拒绝日伪大小头目纠缠索画，他在大门上贴一纸条：“白石老人心病复作，停止见客”“画不卖与官家，窃恐不祥”“绝止减画价，绝止吃饭馆，绝止照相”“与外人翻译者，恕不酬谢”。及至 1944 年，他决意停止卖画，并以“寿高不死羞为贼，不愧长安作饿饕”的诗句，表示宁可挨饿，也不取媚于恶人丑类。直到 1945 年日本投降，他才公开露面，1946 年初恢复了他的卖画生涯。1957 年 9 月 16 日，齐白石大师走完了他将近一个世纪的生命历程。

热爱学习的书生

1770 年 8 月 27 日，德国古典哲学的集大成者，最著名的唯心主义哲学家黑格尔出生于德国南部斯图加特城的一个绅士家庭，父亲是税务局的书记官。黑格尔在斯图加特市立文科中学读书时，是一个循规蹈矩、安分守己而且枯燥无味的学生。1788 年至 1793 年，黑格尔进图宾根神学院学习，开始，他既不满意神学院的那种修道院式的严格规定，对骑马、击剑等也不感兴趣，他把时间都用在书本上，同学们都叫他“老头儿”。但是 1789 年爆发的法国资产阶级大革命，却使黑格尔大为振奋，政治简直使他着了迷。图宾根也出现了政治俱乐部，黑格尔和朋友谢林常参加俱乐部的活动，欢呼法国革命是“一次壮丽的日出”“一个光辉灿烂的黎明”。据说他们还种了一棵“自由之树”。在黑格尔当时的笔记本中写了这样一些口号：“反对暴君！”“自由万岁！”“卢梭万岁！”向往资产阶级的自由和博爱，神学院毕业后，黑格尔在贵族资产阶级家庭当了 6 年家庭教师。在这个时期，他对于法国的雅各宾专政和劳动人民的行动感到憎恶和畏惧，他咒骂人民“只是一群无定形的东西，因此他们的行为完全是自发的无理性的、野蛮的、恐怖的”。

黑格尔是德国资产阶级的思想代表。18 世纪末 19 世纪初的德国资产阶级，是一个具有典型两面性的阶级：它一方面对占统治地位的封建专制制度和封建割据不满，向往革命，在政治上和经济上有一定程度的进步要求；另一方面，它又不敢采取实际的革命行动，害怕和憎恶人民群众，它对革命的向往和要求只表现在思想上，在“抽象的思维活动中”，而在实际活动中则宁愿同旧社会戴王冠的人物妥协，反对革命，要求改良。黑格尔的政治思想正是这样，他否定君主专制，却要求君主立宪。这种思想反映在哲学中，就使黑格尔的哲学既具有革命的一面，又具有保守的一面。

1801 年 8 月，黑格尔获准在耶拿大学当讲师，开始从事“科学之科学”——哲学的研究和讲授。1805年，他当了教授，1807年他的第一部名著《精神现象学》出版，黑格尔第一次系统阐述自己独立的哲学观点。黑格尔自己说这部书只是一种“探险旅行”，实际上这部书已建立起黑格尔哲学体系的基本轮廓，马克思把它称为“黑格尔哲学的真正诞生地和秘密”。1807年3月，黑格尔告别耶拿大学，到班堡的一家报社当编辑，离开耶拿的原因是教授的年俸维持不了生计，而《班堡报》的老板却答应以报纸赢利的一半作为报酬聘请他。在班堡的21个月中，黑格尔天天接触到政治，使他那种“顺着当局”的个性有所发展。1808年到1816年，他在纽伦堡当中学校长，讲授哲学、宗教、文学、希腊文、拉丁文以及高等数学。在这期间，他写了《逻辑学》（即《大逻辑》）一书，并在40岁那年结了婚。1816—1817年，黑格尔任海德堡大学教授，政治上日益保守，主张德国采行世袭的君主制。1817年，黑格尔出版了《哲学全书》，分为《逻辑学》(通称《小逻辑》)、《自然哲学》和《精神哲学》三部分，全面、系统地叙述了他的哲学体系。一年后，普鲁士政府重金聘黑格尔为柏林大学哲学教授，它认为黑格尔哲学是可以用来阻遏知识分子和青年学生中的激进倾向和革命倾向的。1821年，黑格尔出版《法哲学原理》，此书表明他的社会政治观点在这个时期已发展到非常保守的地步，成为普鲁士王国的王家哲学家。

黑格尔是德国历史上最著名的唯心主义哲学大师，他建立了一整套客观唯心主义的哲学体系。他把思维看作是客观独立的实体，称之为“绝对精神”，而把自然界看作是“绝对精神”的化身，把社会看作是“绝对精神”的体现，把科学、艺术、宗教、哲学看作“绝对精神”发展过程中的各个阶段。黑格尔认为，他的哲学就是“绝对精神”最高的自我表现形式，是全部哲学发展的顶峰，而普鲁士王国则是体现了“绝对精神”的最好的国家制度。黑格尔的哲学体系反映德国大资产阶级同封建阶级妥协的保守性。

但是，黑格尔哲学的最重要成果是他的具有革命性的方法论——辩证法，这是黑格尔哲学的“基本内核”，它的主要内容可以概括如下：

一、关于内在联系和矛盾发展的思想。黑格尔第一次把整个自然的、历史的和精神的世界描写为一个过程，即把它描写为处在不断的运动、变化的发展中，并企图揭示这种运动和发展的内在联系。简言之，黑格尔明确主张，世界上的一切，都是“对立面的统一”，对立面既是相互联系、相互依存，又是相互排斥、相互矛盾的，宇宙间的万事万物就是由于这种内在矛盾而不断变化、发展的，例如生命现象本身就包含着生和死的矛盾。

二、关于从量变转化为质变的思想。

三、关于认识是由简单到复杂，由贫乏到丰富，由片面到全面的辩证过程的思想。

四、关于思维的主观能动作用即观念的东西可以转化为实在的东西的思想等。

恩格斯总结说：“和 18 世纪的法国哲学一起并继它之后，近代德国哲学产生了，而且在黑格尔身上达到了顶峰。它的最大的功绩，就是恢复了辩证法这一最高的思维形式。”

当然，黑格尔的辩证法是唯心主义的，他把一切都只看成是“绝对精神”的自身在辩证地发展，马克思和恩格斯曾说：“在他那里，辩证法是倒立着的”，黑格尔出于“体系的内部需要”，把辩证法一些最重要的原则歪曲了，使本来是“彻底革命的思维方法竟产生了极其温和的政治结论”。

虽然如此，列宁认为辩证法是黑格尔“绝对唯心主义粪堆中”的“珍珠”，恩格斯则要我们不是无谓地停留在黑格尔哲学的唯心主义体系这一大厦的脚手架前，而是深入到他的哲学大厦里边去，在那里发现珍宝。马列主义经典作家在批判地吸收黑格尔辩证法时给予黑格尔哲学以很高的评价。1830 年，黑格尔任柏林大学校长，位势鼎盛。1831 年 11 月 14 日，黑格尔猝死于霍乱。黑格尔死后不久，他的著作 18 卷集出版，其中包括《讲演录》。

人生需要有坚韧的毅力

RENSHENG XUYAO YOU JIANREN DE YILI

顽强到底永不放弃

一个人一生中难免遭遇各种坎坷和磨难，不管遇到什么困难和障碍，只要你的信心不倒，不放弃努力，在各种环境中积极为自己开拓未来，就能够成就宏大的事业。

明王朝时期，北方的蒙古奴隶主贵族不断南下，侵犯中原地带。他们所到之处，烧杀抢掠，无恶不作，还把大批的汉人掳掠到蒙古去，强迫他们做苦工，甚至连幼小的孩子也不放过，统统抓到蒙古，使他们沦为任人宰割的小奴隶，马芳便是其中的一个。

马芳是河北蔚州人（现河北省蔚县）。当他十岁的时候，恰逢蒙古奴隶主贵族南犯，他和父母亲被掳到蒙古。奴隶主把马芳的父亲抓到山里去做苦工，修筑堑壕，又把马芳和他的母亲拉到伙房里去做工。

不久，有几个奴隶因为忍受不了奴隶主的残酷迫害，偷偷地逃跑了。奴隶主以为是马芳的父亲指使的，便残忍地把他的双眼挖去，又把他的双腿砍掉，送到草原上喂狼去了。

真可谓“祸不单行”，马芳的父亲刚死不久，他的母亲又因为劳累过度而病倒了。奴隶主不但不给她医治，还要强迫她干活。母亲的病越来越重，她知道自己快要不行了，便把马芳叫到身边，流着眼泪对他说："孩子，娘不行了，要先走了。你切切要记住，生是大明的人，死是大明的鬼。你长大了一定回大明去，为你死去的爹娘报仇！……"没说完她便咽了气。

小马芳见母亲死了，哭得死去活来。他把母亲的尸体用破席子包住，拖到草原上，用两只小手刨了一个坑，草草地掩埋了。

母亲死后，奴隶主便强迫马芳顶替他母亲干活。一个十一二岁的孩子却要去干大人做的活，其辛劳是可想而知的。水桶太大了，挑不动，他就起早摸黑分两次挑；锅台太高了，够不着，他就站在板凳上做饭。最可恶的是奴隶主的儿子，经常要来纠缠，要马芳趴在地上给他当马骑，稍不称心就劈头盖脸地打下来。有一次，马芳忍无可忍，用力一颠，把奴隶主的儿子颠到地上，嗑断了门牙。奴隶主把马芳毒打了一顿，并把他赶出去放羊。

马芳赶着羊群流浪在草原上。冬天，冰天雪地，北风呼啸，马芳赤着脚，穿着单衣放羊，白天饱一顿饥一顿，到夜晚只能和羊群挤在一起互相取暖。夏天，烈日当头，草原上连棵遮阴的树也没有，只能躲在绵羊的影子下面避暑。马芳实在忍受不了这样的痛苦，几次想逃跑。但是一想到逃跑的人十有八九被重新抓回，不是挖去双眼，就是被剁去两腿，他只好暂时忍住了。

为了准备逃跑，马芳开始习武，他偷偷地用木棍削了一把剑和一张弓，又用树枝削制成一些箭。白天一边放羊一边练习射箭；晚上回到羊圈，就借着月光在羊圈旁舞剑。马芳本来就很机灵聪明，再加上刻苦练习，不久射箭和击剑的技术就很高了。射出去的箭百发百中，这样，他经常可以捕到一些猎物，生活条件开始有了不小的改善，不几年便发育成一个虎头虎脑，腰粗膀圆的少年。

年复一年，马芳虽然仍在草原上牧羊，但无时无刻不在思念着故乡，他只有一个念头，那就是要早日脱离苦海，逃回养育自己的故土。

有一次，蒙古奴隶主首领俺答汗到草原上来打猎，前呼后拥好不威风。马芳连忙赶着羊群躲到一边。俺答汗人多势众，猎到不少的野兔、獐子和野狼，正要兴高采烈地往回走，忽然从草丛中跳出一只猛虎，那猛虎已经饿了许多天，只见它张开血盆大口，向俺答汗一伙直扑过来。那些侍从卫士一见猛虎，一个个吓得面如土色，只顾自己逃命去了。俺答汗身体肥胖，还没逃几步，便一个狗吃屎摔下马来，倒在地上，吓得直哆嗦。

马芳确实艺高胆大，他见猛虎从草丛中钻出，便一箭步迎上去。只见他一手张弓一手搭箭，用尽全身的力量向猛虎射去。那木箭虽然并不锋利，但这力量实在太大了，一支木箭从猛虎的头上穿过，那猛虎顿时便一命呜呼了。

俺答汗见马芳小小年纪竟救了自己的命，很是高兴。再看看他的木弓木箭，不由得惊呆了，他怎么也不敢相信，用这样的弓箭能射死老虎，他不由得暗暗佩服马芳的武艺高强。于是他便送给马芳一张好弓，又送给他许多好箭和一匹好马，并让马芳做了他的侍卫。

俗话说“伴君如伴虎”，俺答汗虽然让马芳做了侍卫，但是让一个异族人整天跟在自己身边，他总是不放心。他表面上对马芳还算客气，但对马芳仍然存有很大的戒心，生怕马芳逃跑，所以无时无刻不在提防着马芳。马芳是个聪明人，自然知道俺答汗的心思，他表面上勤勤恳恳地为俺答汗效劳，以取得他的信任，而实际上他无时无刻不在为逃跑做准备。

不久，蒙古的几个部落举行了一次抢羊比赛。各个奴隶主都把这次比赛当做是显示自己的实力，借以提高地位的机会，所以比赛中互不相让，争夺十分激烈。那俺答汗原以为自己的部落一定能占到上风，没想到羊却被其他部落的人抢去了，急得他哇哇直叫。马芳见机会来了，立刻走到俺答汗面前，要求给他一匹好马，去把羊夺回来。那俺答汗求胜心切，立即叫人牵来一匹上等好马，命令马芳要不惜一切把羊夺过来。

马芳骑上马，像离弦的箭一样直冲出去。再说那抢到羊的士兵，正兴高采烈地举着羊准备回来报功领赏，没想到“半路杀出程咬金”，他见马芳追来，立即又调转马头向前奔去。马芳紧紧地追过去，两人骑着马向前飞奔，早把其他士兵甩在身后，渐渐地看不到了。这时，马芳暗暗地抽出弓箭，一箭将抢羊的士兵射死，立刻抱起羊没命地向着南方奔驰而去。

再说那俺答汗等了半天仍不见马芳回来，不由得起了疑心，立刻命令几个士兵追赶过去。几个士兵不敢怠慢，催马加鞭，风驰电掣一般追赶上来。

马芳听到身后马蹄声，知道追兵来了。猛地一转身，随手就是一箭，那领头的士兵好像屁股下面装了弹簧一般，立即从马背上弹下来，活活摔死。

其他的士兵见状，不敢再追，只好复命去了。

马芳唯恐再有士兵追来，便避开大路，闪入旁边的小路继续往前逃跑。

草原上的小路崎岖不平，骑在马上很难前进，马芳只好牵着马步行。为了不让蒙古兵发现，他日伏夜行。马芳经过一个多月的艰苦跋涉，经历了千辛万苦，终于越过长城，回到了明军阵地前。哨兵见马芳一身蒙古服装，怀疑他是奸细，便将他抓住去见军中主将。

马芳向主将详细讲述了自己一家的遭遇，又脱下衣服让他看了身上的累累疤痕。正巧那主将曾经是马芳父亲的朋友，相谈之后，分外亲切。又见马芳人才出众，武艺高强，便将马芳留在军中，待他立了军功，再启奏皇帝封给他职务。马芳凭着他出类拔萃的本领和对蒙古军队的熟悉，一连打了许多胜仗。

明世宗嘉靖年间，皇帝曾委派马芳任蓟镇和宣府总兵。马芳怀着对蒙古奴隶主的刻骨仇恨，英勇善战，一时威震北方。蒙古奴隶主的军队一听到马芳的名字，便闻风丧胆，溃不成军。马芳因战功显赫，不久便升任了元帅。

坚持挖山的愚公

愚公移山，贵在坚持。大山虽高，只要日日挖、月月挖、年年挖、代代挖，总有挖完的那一天。做事情又何尝不是如此，遇到了困难，只要一点一点地解决，坚持不懈地去努力，最终一定会取得成功的。

传说很早以前，在冀州的南面、汉水的北面有两座大山，一座叫太行山，一座叫王屋山，山高万丈，方圆有七百里。

在山的北面，住着一位叫愚公的老汉，年纪快九十岁了。他家的大门，正对着这两座大山，出门办事得绕着走，很不方便，愚公下定决心要把这两座大山挖掉。

有一天，他召集了全家老小，对他们说："这两座大山，挡住了我们的出路，咱们大家一起努力，把它们挖掉，开出一条直通豫州的大道，你们看好不好？"

大家都很赞同，只有他的妻子提出了疑问。她说："像太行、王屋这么高大的山，挖出来的那些石头、泥土往哪里送呢？"

大家说："这好办，把泥土、石块扔到渤海边上就行了！再多也不愁没地方堆。"

第二天天刚亮，愚公就带领全家老小开始挖山。

他的邻居是个寡妇，她有一个七八岁的小儿子，刚刚换完奶牙，也蹦蹦跳跳地前来帮忙。

大家干得很起劲，一年四季很少回家休息。

黄河边上住着一个老汉，这人很精明，人们管他叫智叟。他看到愚公他们一年到头，辛辛苦苦地挖山运土不止，觉得很可笑，就去劝告愚公："你这个人可真傻，这么大岁数了，还能活几天？用尽你的力气，也拔不了山上的几根草，怎么能搬动这么大的山呢？"

愚公深深地叹口气说："我看你这人自以为聪明，其实是顽固不化，还不如寡妇和小孩呢！不错，我是老了，活不了几年了。可是，我死了还有儿子，儿子又生孙子，孙子又生儿子，子子孙孙，世世代代，一直传下去，是无穷无尽的。可是这两座山却不会再长高了，我们为什么不能把它们挖平呢？"

听了这些话，那个自以为聪明的智叟，再也无话可说了。

山神知道了这件事，害怕愚公一直挖下去，就去向玉帝报告。

老愚公的精神把玉帝感动了，他就派两个大力神下凡，把两座大山背走，一座放到朔方东边，一座放到雍州南边。从此以后，冀州的南面，汉水的北面，就没有高山阻挡了。

决不后退的唐玄奘

意志不坚强的人是干不成大事的，天下无难事，只怕有心人。顽强的毅力可以征服世界上的任何一座高峰。一个人有了锲而不舍、不轻易放弃的精神，就没有克服不了的困难，实现不了的理想。

唐僧，法名玄奘，通称唐三藏，唐僧是他的俗称。

玄奘出生在读书人家，幼年受父亲教导，学习经书，对儒学略知一二。十几岁便在洛阳净土寺出家当和尚。后来，为了求师学习佛法，他来到了长安，后经汉川到达成都。学习几年，不满足，又出川到荆州，北上相州，至赵州，返回长安。

这时唐朝初建，社会还不稳定。玄奘东西南北地奔波，相当辛苦，表现出不畏艰险的精神，是他日后去印度取经磨炼意志的初步尝试，也可以说打下了良好的基础。

他四处学佛法，感到各家对佛教宗旨，要么说得不明不白，要么说法不一。他想寻根究底，就想到佛教的发源地去拜访名师，寻求经典，于是决心取道西域去印度求学。

贞观三年（629 年），他从长安出发，经过兰州到达凉州，当时唐朝国力尚不强大，与西北突厥人正有争斗，禁止人民私自出关。凉州都督李大亮听说玄奘要西行，强令他返回长安。当地慧威法师敬重玄奘宏愿，令小徒弟慧琳、道整二人秘密送玄奘前进。他们怕白天被官兵捕捉，便夜晚行路。到达瓜州时，所骑的马又病死了。这时李大亮捉拿玄奘的公文到达，州吏李昌认为玄奘的宏愿是罕见的，不应扣留他，就发了恻隐之心，催促玄奘赶快前行。

玄奘买了一匹老马，收了一名叫石架陀的徒弟，连夜上路出发了。

慧琳、道整两个人不能忍受长途旅行的劳累和艰辛，很快就回凉州了。但艰难地行进使玄奘进一步下定了西行的决心，他暗暗发誓：不到印度，终不东归，纵然客死于半道，也决不后悔。

半夜，他和徒弟偷渡玉门关成功。但是，徒弟石架陀宁死也不愿意再陪师父行。玄奘只好任他离去，孤身一人前进。

在大沙漠上，看不到行人，黄沙之外，人、兽的骨骸便是生灵的行迹。顺着走，有时像前面有大队人马在行动，其实这是在孤寂与恐怖的心理状态下产生的幻觉。玄奘行进到玉门关外的第二个哨口，等到夜间偷渡时被守卫发现，差点被箭射中。校尉王详同情他，得知他不愿东返，就劝他到敦煌修行。玄奘还是表示宁可受刑，也不停留，王详最后让他过了哨卡。

玄奘过了哨卡，再前进是枷里莫贺延碛，古代叫做沙河，是所谓“上无飞鸟，下无走兽，复无水草”的地方。玄奘只身行走，默念《般若心经》，鼓励自己。

走了 100 多里地，迷失了道路，见到水，牵马饮水，不小心把袋子掉到水里，路上用的东西都丢失了，又不知道向哪里走，于是决定往回走。

但走了不多远，他突然想到，先前自己发过誓，不到印度不回头，今天怎么了，竟然往回走了？又想，宁可朝西走着死了，也不要回去，想到这里，劲头来了，便改变方向，继续西进。

随后的旅程更是充满了艰辛，白天黄沙飞扬，如同下雨，晚上看见人兽骨骸发出的磷火，闪闪烁烁，阴森可怕。最严重的是走了五天四夜，都还没有见到水，干渴难以忍受。到第五个夜间，没有一点力气了，便躺倒在黄沙上。半夜忽然刮起风来，把他吹醒了，他立即爬起，又上路了。

走了两天，出了沙河，到达伊吾，随后到高昌。可以说这是玄奘取经迈出了决定性的一步，经过这番磨练，玄奘西行的意志更加坚定了。

高昌王热情款待了玄奘，崇拜他，希望他留下传播佛教。玄奘的目的是往印度取经，于是他婉言谢绝。高昌王再三挽留他，玄奘还是不同意留下。

高昌王以为用扣留的方式可以使玄奘屈服，玄奘用绝食来回答，三天滴水不沾。国王深为他的精神感动，就放他西行，还给他剃度4个徒弟，30匹马，25个侠役，并写了24封公文给玄奘西行将要经过的各个地区的行政首脑，请求关照。高昌王的礼遇，是玄奘以前没有经历过的，此后上路，在物质条件上，比前一段路程好多了。

玄奘至层支国，因大雪封路，停留了两个月。走到葱岭北边的竣山，终年不化的积雪，使玄奘一行行走艰难，晚上就卧在冰上休息。这样又经过7天才走下山，同伴死了十多个。

到了康国，由于居民不信佛教，要用火焚烧玄奘的两个徒弟，幸而国王制止，玄奘等才平安通过。到缚喝国，玄奘停留一个多月，学习佛教经书。以后他不顾旅途疲劳，多次在一些地方停顿读经，并与当地佛学大师辩经。玄奘有时遇到强盗，衣服资财全被掠夺，同行者悲哀哭泣，他劝慰众人说，人生最宝贵的是生命，生命保住了，损失的衣物算什么，鼓励徒众，继续前进。一次，在恒河，强盗认为玄奘体貌魁伟，适合祭祀突伽天神，便把他绑上祭坛。玄奘毫不畏惧，镇静地默念佛经。幸好这时狂风骤起，吹断树枝，暴徒以为老天责怪他们作孽，慌忙向玄奘表示歉意，他这才躲过一场灾难。

一道道难关过后，玄奘走遍印度各地，搜集和学习了各种佛学经典，终于达到了求学的目的。

面对挫折要迎难而上

要干成一件事，要能忍受来自各个方面的压力，在争取别人支持的过程中，难免会遇到挫折。这时，你对挫折的态度在很大程度上就决定了事情的成败。

萨洛蒙·奥古斯特·安德烈是19世纪末期瑞典著名探险家。为了得到北极圈内有关的科学数据，填补地图上的空白，他组织了一次北极探险。

1895年，经过周密计算和安排，安德烈在瑞典科学院正式提出乘飞船到北极探险的计划。

但是，并不是所有人都对他的计划感兴趣，新闻界就是用一种漫不经心的态度加以报道的，这反映了当时相当一部分人对此项计划的态度。随之而来的便是经费问题，由于人们对此不信任和不关心，因此也就很少有人提供经费。

没有钱，一切都无从说起。

安德烈整天奔波，挨家挨户去找那些大富豪和大企业家，但有谁愿意投资一项与自己毫无关系的事业呢？又有谁愿意投资一项也许没有任何成功机会的冒险事业呢？

但安德烈并不灰心，经过努力，总算有一位好心而开明的大企业家表示愿意承担全部费用，同时他还向安德烈提了一个很重要的建议：希望这项冒险计划得到人们的关注，如果就这样悄无声息地走了，是不是削弱了这次探险的意义呢？

安德烈听完觉得很有道理，于是两人经过商量，决定让安德烈继续去募捐，扩大影响。但是，人们的反应仍然很冷淡。

安德烈急中生智，想出了一个大胆的办法：就是把自己的探险计划写成一篇极其详细严谨的论文，用大量证据论证了这项计划的可行性及其意义，然后他请那位开明的企业家想方设法把这份文章呈献给国王。

经过不少周折，国王终于见到了这篇文章。

国王对这个大胆的计划感到很新奇，于是召见了安德烈，并询问了有关探险的一些具体情况，两个人谈得很投机，最后安德烈要求国王象征性地提供一些小小的赞助，国王慨然应允。

这个消息很快就传开了，新闻界对国王关注此事予以了报道。既然国王都对这件事感兴趣，那么许多名流、富豪也都跟着对探险一事纷纷予以关心，捐赠了大笔费用。

许多普通民众也因此开始对这项计划感兴趣了，大家都明白了探险的意义。

安德烈的事业终于不再是他一个人的事业，而变成了一项公众的事业，安德烈终于成功了。

坚持走自己的路

认清了目标，“固执”地走自己的路，往往就能看见成功的曙光。生活中需要这种“固执”，以及这种“固执”中滋生的信心。

有一次上实验课，教授按照惯例，给每个学生发了一张纸条，上面把操作步骤写得一清二楚。爱因斯坦照例把纸条抓成团状，塞进了自己的上衣口袋。过了几分钟，这张纸条就进了废纸篓里。原来他有自己的想法，不愿遵循那一套僵化操作步骤。

爱因斯坦低着头，看着玻璃管里闪动的火花，头脑却进入了美好的物理世界。突然“轰”的一声，使他结束了遐想。爱因斯坦觉得右手一阵酸痛，手上沾满了鲜血。师生们听到响动都围了过来。教授了解情况后，非常生气。他赶忙到系办公室向系领导汇报爱因斯坦的情况，坚决要求处分这个我行我素的学生。在这之前，爱因斯坦有好多次没去上他的课，他已经要求系里警告爱因斯坦。

两星期以后，爱因斯坦在校园里和教授碰面了，教授来到爱因斯坦面前，看了他一眼，然后叹了叹气，遗憾地对他说：“可惜啊！你为什么不去学医学、法律或语言学，而非要学物理呢?”

爱因斯坦并没有完全听懂教授的话，教授认定，像爱因斯坦这样一个不听话的学生是进不了物理学殿堂的。

“我非常喜欢物理，我也认为自己具备研究物理学的才能。”爱因斯坦老老实实地答道。

教授感到很吃惊。这个学生是多么的固执啊！他摇摇头，看了看他，叹口气说道：“我是为你好，听不听由你!”

事实证明，教授的判断是错误的，爱因斯坦最后成了一个著名的物理学家。

如果当初爱因斯坦真听了这位教授先生的“忠告”，物理学界就会损失一位巨星！还好，固执的爱因斯坦是有自信的，他继续走自己的路，继续刻苦攻读物理学大师的著作，不因守旧教授们的态度而退缩。

意志坚强的老罗斯福

只有意志坚强的人，才能处变不惊，镇定自若；只有意志坚强的人，才能在跌倒后再爬起来，迎着暴风雨向着既定的目标前进；只有意志坚强的人，才能把一次次的危机转化为有利于自我发展的机会。

美国前总统西奥多·罗斯福1912年参加了总统竞选。10月14日，当他在密尔沃基正准备发表演说时，一个名叫约翰·施兰克的精神错乱的人向他开枪射击，并击中了他的右胸。虽然他口袋里的钢眼镜和演讲稿使他没有丧命，但也伤得不轻。当随行的医生们坚持要送他去医院时，罗斯福斩钉截铁地说：“我要去做演讲，而你们要保持镇静。我做完演说之前，是不会去医院的。”

说完，他又命令轿车向大礼堂驶去。

这时，人们已经知道他被击中的事情了。罗斯福在“要么发表演说，要么就死，非此即彼”的意念支撑下，一步步走向讲台。一位记者这样描绘了当时的情景：罗斯福面带笑容向人们招手，男男女女从座位上站起来，发出爱戴的惊呼和同情的感叹。

罗斯福掏出他那带血的讲稿开始了历时一个半小时的讲演：“我这一生中已度过一段极其悲壮英勇的时光，现在正在继续经历着……”他近乎微弱的声音在死一般寂静的大厅里回荡。

在关键的时刻，罗斯福以他顽强的意志完成了这次中弹后的讲演，征服了千万支持者的心，在更多选民中树立了威信。

不经磨难难成正果

人生就是一个旅程，在你生命的旅程中可能有阳光普照，也可能有狂风暴雨，其实这些都不重要，重要的是你是否有一颗坚持再坚持的心。一个人克服一点儿困难也许并不难，难的是能够持之以恒地做下去，直到最后成功。如果你现在正处于人生的十字路口，正被各种困境折磨得焦头烂额，你也不要抱怨，拿出积极的心态去面对它，并付出持之以恒的努力，相信风雨过后，你必将修成人生的正果。

1832 年，林肯失业了，这显然使他很伤心，但他下决心要当政治家，当州议员。糟糕的是，他竞选失败了。在一年里遭受两次更大打击，这对他来说无疑是痛苦的。

接着，林肯着手自己开办企业，可一年不到，这家企业又倒闭了。

在以后的 17 年间，他不得不为偿还企业倒闭时所欠的债务而到处奔波，历尽磨难。

随后，林肯再一次决定参加竞选州议员，这次他成功了。他内心萌发了一丝希望，认为自己的生活有了转机："可能我可以成功了!"

1835 年，他订婚了。但离结婚还差几个月的时候，未婚妻不幸去世。这对他精神上的打击实在太大了，他心力交瘁，数月卧床不起。

1836 年，他得了神经衰弱症。

1838 年，林肯觉得身体状况良好，于是决定竞选州议会议长，可他失败了。

1843 年，他又参加竞选美国国会议员，但这次仍然没有成功。

林肯虽然一次次地尝试，但却是一次次地遭受失败：企业倒闭、情人去世、竞选败北。要是你碰到这一切，你会不会放弃——放弃这些对你来说是重要的事情。

林肯是一个聪明人，他具有执着的性格，他没有放弃，也没有说"要是失败会怎样”。1846 年，他又一次参加竞选国会议员，最后终于当选了。

两年任期很快过去了，他决定要争取连任。他认为自己作为国会议员表现是出色的，相信选民会继续选举他。但结果很遗憾，他落选了。

因为这次竞选他赔了一大笔钱，林肯申请当本州的土地官员。但州政府把他的申请退了回来，上面指出：“做本州的土地官员要求有卓越的才能和超常的智力，你的申请未能满足这些要求。”

接连又是两次失败，在这种情况下你会坚持继续努力吗？你会不会说“我失败了”？

然而，林肯没有服输。1854 年，他竞选参议员，又失败了；两年后他竞选美国副总统提名，结果被对手击败；又过了两年，他再一次竞选参议员，还是失败了。

林肯尝试了 11 次，只成功了 2 次，但他一直没有放弃自己的追求，他一直在做自己生活的主宰。1860 年，他当选为美国总统。

亚伯拉罕·林肯遇到过的敌人你我都曾遇到，因为他是执着的人，他面对困难没有退却、没有逃跑，他坚持着、奋斗着。他压根就没想过要放弃努力，他不愿放弃，所以他最终修成了正果。

具有无比决心的普通人

这天，罗伯特·斯契勒来到芝加哥，向一群中西部农民发表演说。虽然他满腔热忱，但很快便被他们凝重的面色泼了一盆冷水。他们强作热情地接待罗伯特，其中有位农民告诉他说：“我们正过着艰苦的日子，我们需要帮助，我们最需要的是希望，给我们希望吧。”

在罗伯特开始演讲前，主持人向这些听众作介绍，他把罗伯特形容为一个成功的人，但是听众不知道，罗伯特也曾走过他们现在所走的路。罗伯特的童年是在中西部的一个小农场里度过的。他的父亲本来是一个雇农，后来积攒够了钱才买了一个 65 公顷的农场。经济大萧条时，罗伯特还只有

3岁。那年冬天，他们有时连买煤的钱都没有。那时候罗伯特也要工作，他要爬进猪栏，捡拾猪吃剩后的玉米棒子，用来做燃料。那些日子真苦啊！

第二年春天，又遇到严重春旱。罗伯特的父亲准备把辛辛苦苦留起来的几斗宝贵玉米用作种子。

“种了可能枯死，何必还要冒险去种呢?”罗伯特问。

他父亲却说：“不冒险的人必无前途。”

于是，他父亲把留起来的最后一些玉米粒和燕麦，全都拿出来种了。可是，第四个星期过去了，还不见有雨来临，父亲的脸绷得紧紧的。他和其他农民聚在一起祈祷，请求上帝拯救他们的田地和作物。后来，雷声终于响起。天下雨了！虽然罗伯特雀跃万分，但是他的父母知道雨下得不够。骄阳不久就再次出现，天气又热起来了。他父亲抓了一把泥土，只有上面四分之一是湿的，下面全是粉状的干土。

那年夏天，罗伯特看见弗洛德河逐渐干涸了，小水坑变成泥坑，平时来回游动的鲶鱼都死了。他父亲的收成只有半车玉米，这个收成和他所播的种子数量刚好相等。父亲在晚餐祈祷时说：“慈爱的主，谢谢你，我今年没有损失，你把我的种子都还给我了。”当时并不是所有的农民都像他父亲那么有信心，一家又一家的农场挂起了“出售”的牌子。他父亲当时请求银行给予帮助，银行信任他，而且帮助了他。

罗伯特还记得童年时穿着带补丁的大衣跟父亲去爱阿华银行，他记得那银行的日历上有这样一句格言：“伟人就是具有无比决心的普通人。”他觉得父亲就是这种积极态度的榜样。

若干年后六月里的一个寂静下午，罗伯特家遭到龙卷风的侵袭。他们起初听到一阵可怕的怒吼声，慢慢地，风暴逐渐逼近了。忽然天上有一堆黑云凸了出来，像个灰色长漏斗般伸向地面。它在半空中悬吊了一阵子，像一条蛇似的蓄势待攻。父亲对母亲喊道：“是龙卷风，珍妮！我们得赶快离开这里！”转瞬间，他们便已慌慌张张地开车上路了。南行3千米之后，他们把车子停好，眼睁睁地看着那凶暴的旋风在他们家园肆虐……待他们返回家后，发现一切都没有了，半小时前那里还有九幢刚刷过的房屋，现在一幢也不存在，只留下地基。父亲坐在那里惊愕得双手紧握驾驶盘。这时，罗伯特注意到父亲满头白发，身体由于艰辛劳作而显得瘦弱不堪。突然间，父亲的双手猛拍在驾驶盘上，他哭了："一切都完了！珍妮！26年的心血在几分钟内全完了！"

但是，父亲不肯服输。两星期后，他们在附近小镇上找到一幢正在拆卸的房子，他们花了50美元买下其中一截，然后一块块地把它拆下来。就是用这些零碎东西，他们在旧地基上建了一幢很小的新房子。以后几年，又建筑了一幢幢房屋。结果，他父亲在有生之年，看到了他的农场经营得非常成功。

讲完了自己的故事，罗伯特告诉听众："苦难不会持久，强者却可长存！"听众顿时响起热烈掌声。那些已经失去希望以及曾与沮丧情绪搏斗的人，重新获得了希望。他们有了新的憧憬，再度开始梦想未来。

改变命运的毅力

生活本身就是一场力量和意志的角逐。只有那些已经发展出个性力量、决心和怀有必胜信念的人，才能获胜。一个人只要拥有毅力，就算天大的事也能完成。

在两千年前的古罗马城市安泰欧，当时的耶路撒冷和所有的朱地亚土地都在罗马的高压统治下。有一位年轻的犹太人，名叫宾汉。他遭人陷害，被判处劳役，到船上划桨。宾汉被用铁链锁在船上划桨的座位上，每天被迫拼命划桨，不知不觉使他的身体变得十分强壮，他的监视者并不知他已从苦役中培养出强大的体力，终有一天，他可以凭着这股力量获得自由。

接着，到了战车大竞赛的日子。在这一天里，命运之神注定要解开把宾汉锁在奴隶船上的铁链，使他重新获得自由。有一辆马车没有人驾驶，马车的主人在绝望中只好请求这位年轻的奴隶帮忙，因为他的臂膀十分强壮有力，这位主人请求他代替驾驶马车。

当宾汉拉起缰绳时，观众们发出了吼声。

“看，看，那双手臂，你是从哪儿锻炼出这双手臂的?”他们大叫。

“奴隶船上。”宾汉回答说。

比赛开始了。宾汉以他那双强壮有力的手臂镇静地驾着马车，火速向前奔驰，终于获得了胜利，也因而获得了自由。

持之以恒的章学诚

高士其说：“学习是什么？学习就是继承，继承古今中外和人类社会的一切学问与知识，只有全面的继承才能进行全新的创造。”肯比别人更努力学习的人，才能取得比别人更大的成就。

章学诚是清代著名的史学家。他担任过毕秋帆主编的《续资治通鉴》的编纂工作和补修《史籍考》的主要工作，亲自编纂过《和州志》《永清志》等许多方志，提出了一套系统的方志学理论。他一生的著作收在《章氏遗书》中，其中《文史通义》《校雠通义》被公认为史学、古典目录校雠学的两大名著。

章学诚这样一位颇有建树的学者，却是一个天资甚低的人，尤其是他的记忆力极差。据说，章学诚少年时一天最多只能诵读两三百字的书，连文言虚字的用法都记不住。这种天资在讲究读经诵典的封建社会，对于需要博闻强记的史学，无疑是太低了。章学诚年轻时多次参加科举，屡试不第，一直到40岁时才中举人。

章学诚不顾旁人的议论讥笑，毅然向天资挑战，抱定了做一个杰出史学家的志向。41岁中了进士后，他不顾家境贫寒，放弃仕宦之途，专心致志从事教书和学问研究工作。他针对自己的缺陷采取了各种有效的方法补救。一般人治史由博而专，他反其道而行之，由专到博，学一点巩固一点。他认为这种方法“学问之始未能记诵，博涉及深，将超记诵”，能够有效地克服记忆缺陷。他克服记忆缺陷的另一办法是读书做札记，他的许多著作都出自于他的读书札记。

他的大部分史学成果都出自晚年，63 岁时双目失明，犹事著述，直至终身。他的座右铭是：不羡慕不费工夫而得来的虚名，不计较世俗庸人的褒贬。

在失败面前不气馁

任何人都可能失败，很多人失败了就偃旗息鼓，被吓破了胆子，这是真正的失败；可是有的人失败了，寻找失败的原因，不断地干下去，最后取得了成功。

美国玛丽·凯化妆品公司的董事长叫玛丽·凯，在创业之初，她历经多次失败，走了不少弯路。然而，她从来不灰心、不泄气，最后终于成为一名大器晚成的化妆品行业的“皇后”。

20 世纪 60 年代初期，玛丽·凯已经退休回家。可是过分寂寞的退休生活使她突然决定冒一下险。经过一番思考，她把一辈子积蓄下来的 5 千美元作为全部资本，投资创办了玛丽·凯化妆品公司。

为了支持母亲实现狂热的理想，两个儿子也踊跃支持，一个辞去一家月薪 480 美元的人寿保险公司代理商，另一个也辞去了休斯敦月薪 750 美元的职务，加入到母亲创办的公司中来，宁愿只拿 250 元的月薪。玛丽·凯知道，这是背水一战，是在进行一次人生的大冒险，如果失败，不仅自己一辈子辛苦赚来的积蓄将血本无归，而且还可能葬送两个儿子的美好前程。

在创建公司后的第一次展销会上，她隆重推出了一系列功效奇特的护肤品，按照原来的想法，这次活动会引起轰动，一举成功。可是，“人算不如天算”，整个展销会下来，她的公司只卖出去 1.5 美元的护肤品。

意想不到的残酷失败使她控制不住失声痛哭。

回到家后，玛丽·凯对着镜子反问自己：“玛丽·凯，你究竟错在哪里?”

她经过认真地分析，终于悟出了一点：在展销会上，她的公司从来没有主动请别人来订货，也没有向外发订单，而是希望女人们自己把钱送上门来买东西……

难怪在展销会上落到如此的后果。

商场就是战场，从来不相信眼泪，哭是不会哭出成功来的。

玛丽擦干眼泪，从第一次失败中站了起来，在抓生产管理的同时，加强了销售队伍的建设……

经过20年的苦心经营，玛丽·凯化妆品公司由初创时的雇员9人发展到后来的5千多人；由一个家庭公司发展成为一个国际性的公司，拥有一支20万人的推销队伍，年销售额超过3亿美元。玛丽·凯终于实现了自己的梦想。

遇到不顺利的事情，不要找理由推卸自己的责任，事实上做事不顺利一定是有原因的。如果能事先察觉各种造成困难的原因，并予以排除，就不至于出现问题了。很多事情的失败，往往是因为忽略了该做的事，或是即使注意到也没有去做。

失败很难避免，怕的是失败了一蹶不振。所以，如果遭遇挫折，该反省的是自己，而不应把失败归咎于别人。

屠刀下的精神自由

国际著名的精神病学家V·弗兰克在第二次世界大战时曾被关进德国集中营。他曾是一个弗洛伊德心理学传统培养出来的宿命论者。这种心理学认为，你一生的造化和大数已定，基本上可以说，你越不出定数。

弗兰克在纳粹德国的死亡集中营里，遭受了种种与我们的尊严感格格不入的虐待，甚至回忆这些事就会使人不寒而栗。

他的父母、兄弟和妻子或死于集中营里或被送进了毒气室，除了一个妹妹，他的家人都死了。弗兰克自己也遭受了数不清次数的毒打，肉体上的伤害还是次要的，人格的侮辱才是让人痛不欲生的。

一天，当他被剥去衣服单独囚禁在一间窄小的牢房里时，他开始意识到了他后来称之为“最后一点人类自由”的东西，这种自由是纳粹看守无法剥夺的。他们可以控制他的整个环境，他们可以对他的肉体肆意妄为，但弗兰克是一个具有自我意识的人，他可以像一个旁观者那样注视着自己正陷入的境遇，他基本的同一性仍完好无损，可以由他的内心来决定这一切将怎么影响他。在他身上发生的刺激和他对这种刺激的反应之间，存在着他选择做出哪种反应的自由或权利。

每当他遇到这种残忍虐待时，弗兰克就会设想自己处在不同的环境中，诸如想象他从死亡集中营获释后在向他的学生讲课。他会在教室里以他心灵的眼睛描述他的状况，并将他在严刑拷打中得出的训诫告诉他的学生。

通过一系列这种精神上的锻炼，他行使起他所拥有的些微和萌芽状的自由，直至这种自由变得越来越大，他成为他周围的人，甚至成为某些狱友的力量源泉。他帮助他人寻找蒙受痛苦的意义，寻找他们囚禁生活中的尊严，使他们又恢复了正常人的生活。

为人处世不要太自傲

WEIREN CHUSHI BUYAO TAI ZIAO

要乐于接受别人的忠告

桃花源似的祥和生活是人人所向往的，然而人世间果真有这种生活环境存在吗？这只不过是陶渊明的一种理想和追求罢了。没有人愿意自寻烦恼，但是在生活中，总是蕴藏着这样那样的问题，我们必须正视它，寻求解决之道，只有这样，才能使我们的人生更有意义，更丰富多彩。

人非圣贤，孰能无过？我们每个人，待人处世，总难免有一时疏忽或是不曾发觉的死角。若有人及时地提醒我们，我们应衷心感激。所谓朋友之道，贵在劝导忠告，“忠告如雪，下得越静越长留心田，也越深入心田”。忠告是别人送给你的最丰富、最难得的礼物。

“良药苦口利于病，忠言逆耳利于行”“人受谏，则圣；木受绳，则直；金受砺，则利”。然而现代社会，能够直言不讳地指出他人缺点者已日渐减少。你的上级、长辈或同事，大都不愿意冒着使别人恼恨的危险去忠告别人，而都抱着独善其身的态度漠视一切。如果人人皆能诚恳、虚心地接受别人的忠告，而且人人都期待他人的忠告，则这种现象又如何会出现呢？平心而论，真正能够苦口婆心地劝告我们，指责我们的人是谁呢？是父母、师长、兄弟、妻子、朋友或子女等。他们的目的无非是希望我们在人际关系上更圆满，在事业上更成功。但是，忠言逆耳，大多数人对于忠告总是有一种逆反心理，从而导致原有的密切关系破裂。在某种程度上说，忠告确是一件危险的事情。如在这种情况下仍有不顾后果提出忠告者，一定是对我们怀有深厚感情之人。一个从来不曾受到他人忠告的人，看似完美无缺，实际上可以说他是一个毫无良好人际关系的孤独者。

因此，受到忠告正说明你周围有人在关心你。“不闻不论，则智不宏。不听至言，则心不固。”但是，若接受忠告时的态度不够坦然，则将会使你的朋友弃你而去。从另一个角度来说，忠告者也能从你的态度中得知你是一个坦诚的人，还是个骄傲自大的人，或顽固不化的人，进而影响对你整个人格的评价。一个谦虚上进、追求完美的人一定是个能够接受任何善意建议的人。如果这样的话，即使是与你只有点头之交的人，也将乐于对你提出忠告。

帮助他人就是帮助自己

在传统的处世哲学中，最讲究方圆之术。其中的“圆”是指做人要圆融、圆通一些。要想在复杂的人际关系中取得顺畅生活的通行证，打圆场、下台阶是常用手法。

如果不幸落入社交僵局之中，就要通权达变，打破冷场坚冰。

要是别人出乖露丑了，就主动打打圆场；有人陷入窘境，主动解围，给他找个台阶让他下得了台。与人产生不快时，更少不了和和稀泥，让对方少丢些面子，保持体面，从而把事情摆平，甚至变坏事为好事。只有懂得“打圆场，下台阶，留面子”，你才能成为受欢迎的人。

谁都不愿把自己的错处或隐私在公众面前曝光，一旦被人曝光，就会感到难堪或恼怒，这是人之常情。在社交场合，每个人都格外注意自己社交形象的塑造，都会比平时表现出更为强烈的自尊心和虚荣心。在这种心态的支配下，常常会因一个人使他下不了台而产生比平时更为强烈的反感，甚至结下终生的怨恨。同样，也会因你为他提供了台阶，使他保住了面子、维护了自尊心，而对你更为感激，产生更强烈的好感。这对于你今后的交往，会产生深远的影响。

“打圆场，下台阶，留面子”的作用往往有两种。一是要尽量保守秘密，掩盖其丑处；二是要在丑事曝光后，使其产生的不良后果变得小一些。因此，在交际中，如果不是为了某种特殊需要，一般应尽量避免触及对方所避讳的敏感区，避免使对方当众出丑下不了台。俗话说家丑不可外扬，自己的错处谁也不想示人，以免落下笑柄。所以“打圆场，下台阶，留面子”就成了为人处世的必修课。

在社交中，有人或出于习惯爱撒些小谎，或不想丢面子没说真话，甚至出于难言之隐不能讲真话。一般说来，我们都应该睁一只眼闭一只眼，不能当面拆穿。还有，就是在社会交往过程中，谁都可能不小心弄出点小失误，比如念了错别字，讲了外行话，记错了对方的姓名职务，礼节有些失当，等等。出现这类情况时，只要是无关大局，就不必对此大肆张扬，故意搞得人人皆知，使本来已被忽视了的小过失，一下子变得显眼起来。更不应抱着讥讽的态度，以为“这回可抓住笑柄啦”，来个小题大做，拿人家的失误在众人面前取乐，这样做不利于你自己的社交形象，容易使别人觉得你为人刻薄，从而在今后的交往中对你敬而远之，产生戒心。

小地方马虎一点，乐意给人台阶，让对方能下来台，不单单是个技术问题，更重要的是个人的修养与容人的气度。凡事总爱冒坏水，见别人陷入尴尬便宰，这种人是难以在社会上立足，更别说展开社交了。

莫因丑小而不遮，别人出丑时，切不可幸灾乐祸，否则会结下仇家，并为众人所不齿。如能主动为别人打圆场、找台阶、留面子，就能顺水推舟地作个人情。在必要的时候，也可以委婉地暗示对方已知道他的错处或隐私，以造成一种对他的压力。但这只是视情况而定，不可过分，点到而已，否则会弄巧成拙。以宽容之心对待别人，会让自己的社交如鱼得水。

要积极主动地接近他人

人际关系的好坏，取决于双方的态度，这在社会心理学上被称为“相互性原则”，也就是说，人际吸引是相互的，排斥也是相互的。但是，在现实生活中，谁也不敢肯定在人际交往中，别人对自己都会表现得很友好、很热情，因此需要我们积极主动地接近他人。

一位刚从师范大学毕业的女学生，碰到的就是这样一种情况：她充满对新生活的憧憬，从都市来到偏僻的乡村学校，却发现校长和同事们对自己并没有多大的好感，而是显得比较淡漠。她急于想与几位年龄相仿的女教师打成一片，她们却总是回避她，使她产生了“格格不人”的孤独感。

态度是人的思想、信念、知识、价值观等方面的综合体现，带有肯定或否定的情感评价，但表现的方式却常常十分简单：围绕感情表达这一圆心，简化为接纳或排斥，以热情、冷淡、讨厌等各种情绪反应在人际交往中。对这位女教师，土生土长的校长或许有这样的看法：她能舍弃城市的舒适生活到农村来，是有一定事业心的，但城里姑娘总免不了有点娇气，不一定吃得起苦；她受过正规的教育训练，基础知识是可以的，普通话说得很标准，不过没正式上过讲台，教学经验少，可能一下子适应不了；她长得漂亮，就是“洋”了点，派头、手势、习惯都让人看不惯，女同志就几年可用，今后结婚生孩子了，就派不上用场。他根据自己的种种印象，决定了在初识阶段的态度——一般化，不大喜欢，也不厌恶，没有特别的关心和热情。这态度，与女教师心中期望校长对她的态度相差了一截，所以她深深感受到对方的冷淡。

至于那几位女同事，虽然年龄相仿，但她们与她，无论生活经历、思想起点、知识教养、爱好情趣、习惯等，都有许多明显的差异。何况她们在长期交往中，已形成一个固定的圈子，所以她们不可能一下子接纳她。

在这种情况下，女教师也并不灰心。经过一段时间的努力，终于获得了校长的好感和同伴的接受。她是怎么做的呢?

主动接近别人，寻找相互了解的机会。通过教学实践、集体活动等，她尽量使自己符合“新来的女教师”这一角色规范；在日常交往接触中，她注意真诚、平等地对待他人，热心地帮助有困难的同事，自己有困难时也同样求助于人；在合适的交谈机会中，她又使别人了解自己的抱负、心愿，用实际行动缩短了她与同事们的心理距离，使他们较全面地了解了她，并开始接受她。

通过朋友传达友好的信息。人们常说：“朋友的朋友就是自己的朋友。”女教师首先在那群年轻女教师中建立了较好的人际关系，进而接近其他几位老师，从而很快就进入了这一圈子。这个圈子的同事对她的肯定评价，又影响了其他的同事。

如果说，女教师的方式是属于“以热对冷”，而使对方升温的范畴，那么，有时候也可以采取“不冷不热”的态度。如果对方对自己印象不佳或产生误会，一时又不能解释或难以使对方回心转意，也可以暂时保持一种不冷不热的关系，随着时间的推移，误会总会消除，前嫌也会冰释。要相信别人也十分重视建立良好的人际关系，谁都不想把自己陷入孤家寡人的境地。

所以，当别人因对你有误解而冷淡你时，切不可自怨自艾，应该耐心等待机会。而当机会来临时，就要抓住，用恰当的热情表现出你的真诚。

调整好与人交往的距离

如何把握好交往过程中彼此间的距离呢?这要考虑到彼此的关系、客观环境的因素。过近不好，过远也不好。

一般来说：公开的、正式的场合要谨慎，要保持适中距离；一些私下或非正式的场合，不妨稍靠得近些。欧洲人习惯于“近距离”交往，而澳大利亚人却喜欢“中距离”交往。一对刚移居悉尼不久的年轻的丹麦夫妇，被邀请加入当地的一个青年俱乐部，他们依照自己的习惯，进行“正常”的交往时，澳洲女性开始讨厌丹麦男子，原因是他太放荡，对女人过分殷勤。澳洲男人，却自作多情，认为丹麦女子是水性杨花，似乎想和任何男人“结交”。其实，这是澳大利亚人按照自己国家交往的习惯作出的判断。

因此，把握与具体交际对象的空间距离，是社交得以顺利进行的重要保证。

有些人与自己的上级交谈，往往凑得很近，这些人的所作所为，侵犯了上级个人空间区域，使得他不得不步步后退，或靠在椅背上，以暗示彼此之间的等级差别和疏密关系，或“微调”这种不和谐的交际距离，以便在一个较为舒适的心理及空间环境中进行交谈。

在人际交往中，应避免与比自己级别高的人或握有某种权力、优势的人靠得很近。这样容易引起对方心理的戒备，认为你是在与他“套近乎”，或者让对方瞧不起，从而引起别人的嫉妒等，影响交际效果。

如果与老朋友、熟人交谈，彼此保持“过远”的距离，都会让人感到别扭、不舒服，容易导致相互猜疑，产生误会，影响正常的交往关系。

所以，调整和掌握好与朋友交往、与陌生人初次相识、与上级或自己不喜欢的人相交距离，才能使自己适应社会环境，便于倾心交谈，从而取得理想的交际效果。

人与人之间要以诚相待

有人说生活不需要技巧，意思是人与人之间要以诚相待，不要怀着某种个人目的。因为一旦对方发现自己是被你利用的工具，即使你对他再好，也只能引起他对你的厌恶，并拒绝和你继续保持关系。所以，要获得真正成功的人际关系，就只能用爱心去和别人推心置腹地打交道。在这种情况下，你再去帮助他，他才会感到你对他的真诚。

对别人的帮助，要落到具体的行动上，不要只停留在口头上。帮助有两种情况，一种是随便帮帮，一种是一帮到底，做足人情。第一种帮助不能说它不是帮助，因为它也能给人带来某种好处，但随便的帮助不是真正的帮助，因为这随便的帮助在关键的时候总是容易掉链子。第二种帮助才是真正的帮助，它能帮人彻底解决实际困难。我们时常用“两肋插刀”来形容朋友之间深刻的情义。也就是说，患难才能见真情，才知道谁是真朋友！

有些人的人缘看起来挺不错，新朋友一个接一个。但是当他真正需要帮忙的时候，只怕一个可信赖的朋友也没有。梅干也是一样，别的食物都要新鲜，唯有梅干却是愈久愈甘醇。梅干起初也是新鲜的果子，经过一段时间的酝酿，才制成后来的美味。朋友自然也是由生而熟，在长时间的交往中，各种不同的思想见解，经过交流和冲突，而获得融洽。两个不同的东西，要完全融合，时间是最好的考验。只有在面临变故时能够共患难的人，我们才称之为朋友。

帮助别人也离不开技巧。在具体的情景下，当你想帮助某个人时，你要注意具体方法，如何帮助他，才能使他真正得到帮助。一位残疾人坐在三轮车上上坡，但因坡度较大，他费了很大的劲也没上去。好心的你走上前，想帮助他，告诉他该怎样用力。你不知道，他此时最需要的是你从后面推他一把，让他顺利通过这段道路。

罗斯是位单身女子，住在华盛顿的一个闹市区。有一次，罗斯搬一只大箱子回家，因为电梯坏了，她只得自己扛着箱子上十二楼。彼得是一个平时没事就在大街上闲逛，偶尔还闯点祸的人，这次他看到罗斯累得汗流满面，于是想上去帮助罗斯。罗斯并不相信彼得，以为他图谋不轨。彼得十分困惑，他花费了许多唇舌，想说明他的善良用心，却无济于事。罗斯拒绝了彼得，她将箱子从一层搬到二层后，就再也没有力气了，需不需要彼得的援手呢？罗斯感到矛盾极了。最终，还是在彼得的帮助下，箱子才被搬上了十二层。为了表示自己的真诚，彼得只将箱子搬到罗斯的家门口，坚持不进去。后来，罗斯和彼得交上了朋友，一年后，俩人便踏上了红地毯。

帮助别人，要坚持不懈，不能一时风，一时雨，仅凭自己的兴致来做。也不要这也帮那也帮，不高兴的时候就谁都不帮。

帮助别人，不要居功自傲。帮助时应注意：不要使对方觉得接受你的帮助是一种负担；帮忙时要做得自然得体，也就是说在当时对方或许无法强烈地感受到，但是日子越久越能体会到你对他的关心，能够做到这一点是最理想的；帮忙时要高高兴兴，不可心不甘、情不愿的。如果你在帮忙的时候，觉得很勉强，意识里存在着“这是为对方而做”的观念。假如对方对你的帮助毫无反应，你一定大为生气，认为自己这样辛苦地帮对方，对方还不知感激，太不识好歹了！带着这样的态度甚至想法去帮助别人其实是不对的，助人应真诚。

总之，人不是难以合群的刺猬，人是情感动物，需要互爱互助，且不可像自由市场做生意那样赤裸裸的，一口一个“有回报吗”“你帮了我的忙，下次我一定帮你”。忽视了感情的交流，会让人趣味索然，彼此的交情也维持不了多久。

一个篱笆三个桩，一个好汉三个帮。你拉着我的手，我拉着他的手，他拉着你的手，这个世界才是一个充满真诚与和谐的社会。

与批评你的人交朋友

人在一生中受到朋友的影响是相当大的，很多人因为朋友而事业有成，也有很多人因为朋友而失败，甚至有人因为朋友而倾家荡产，妻离子散。

如果害怕因为朋友而遭受挫折，那就不交朋友吗？

事情并不是那么简单，因为没有朋友，生活也就缺少了欢乐和色彩，寂寞一生，即使你闭紧心扉，还是会有人来用力敲。当有人来敲你的心扉时，你应还是不应？应的话，可能那是个坏朋友，不应的话，可能失去一个好朋友。

因此，你总是要面对“交朋友”这个问题。交到好的朋友，你可能会受益一生，得到无限的乐趣，至少不会受到他的伤害。而若交到坏的朋友，想不走入歧途、不受挫却是很难的。

一样米饲百样人，人有很多种，在对待朋友的态度上也有很多种类型，有每天说好话给你听的，也有看到你不对就批评、指责你的；有热情如火、喜欢奉献的，也有冷漠如冰，只考虑个人利益的；有憨厚的，也有狡诈使坏的……

这么多类型的朋友，好坏很难分辨。因此，平时的交往经验极为重要。

但是，有一种类型的朋友肯定是值得交往的，那就是能够批评、指责你的朋友。

与只会说好话的朋友比起来，那些常常批评、指责你的朋友是令人讨厌的，因为他说的都是你不喜欢听的话。你自认为得意的事向他说，他偏偏泼你冷水；你满腹的理想、计划对他说，他却毫不留情地指出其中的问题……从他嘴里很难听到一句好话，这种人要想不让人讨厌也挺难。

可是，这种朋友如果你放弃，那就太可惜了。

基本上，有社会经验的人都会尽量不得罪人，因此多半是宁可说好听的话让人高兴，也不说难听的话让人讨厌。说好听的话的人不一定都是“坏人”，但如果站在朋友的立场，只说好听的话，就失去了做朋友的义务了。明明知道你有缺点而不去说，这算是什么朋友呢？如果还进一步“赞扬”你的缺点，则更是别有居心了。这种朋友就算不害你，对你也没有任何好处，大可不必浪费时间和这样的人交往。

但也有很多人碰到光说好话的朋友便乐悠悠，便自我膨胀起来。其实他们顺着你的意思说话，让你高兴，为的是你的资源，也就是你可以利用的价值。很多人被朋友拖累就是这个原因。

比较起来，那些让你讨厌，像只乌鸦似的光说难听话的朋友就真实得多了。这种朋友的出发点是为你好，这种朋友才是你真正的朋友。

人生中有许多遭遇不可预期，能够拥有经常批评、指责你的朋友，是人生中的一大幸事，好好珍惜他吧。

要充分听取别人的意见

在人际交往中，有些人不喜欢听取别人的意见，心目中只有自己，而且还自以为比别人高明，事事要占上风，好出风头。这种做法，根本没有给别人留下一点余地，而采用趾高气扬又蛮横的方法，使别人感到窘迫，无路可走，内心便抗拒与之交往。有这种坏习惯的人，所有的朋友和同事，肯定没有一个人向他提供意见和看法，更不敢向他进一步提出忠告。这类人，人们往往不想接近他，并且有时会产生厌恶的情绪。

大家都知道，在日常的人际交往中，谈论的话题十有八九不是学术性的问题，也不是国与国之间的外交上的原则性问题，所以是非标准性的。因此，你的意见和看法并不一定是正确合理的。而别人的意见和看法也不一定是错误的、无价值的。即使你认为你比别人聪明，想从自己的思想中提出更高超的见解，也不能用这种占上风的作法来对待人。更何况，平时交往所说的事情大多是平凡的，不必费心费时作更高的研究和争辩。我们日常所交谈的目的，消遣多于研究，大可不必较真，大家说说笑笑便行。别以为自己很聪明，便可对别人随便说教。即使是你的说教有一定的见解，别人也会很不乐意接受。要说教应当委婉，采用征询的口语说出你的看法、见解，这样别人才比较容易接受。所以，切不可随便摆出架势来教导别人。

在社交上，你的朋友同事帮助你出点子、献策略，你若不能赞成，但也要表示可以考虑考虑。这种场面下，是不可马上提出反驳。要是你的朋友和你聊天，你更应当注意，不可太执拗，这样很容易把一切有趣的事情变得很乏味。要是对方真的犯了错，又一时不肯接受指正、批评或劝告，你也不要急于提出来，可把时间延长一些，隔几天之后或更长时间再说。否则，若双方都固执己见，不仅没有取得成效，还会造成僵局，伤害双方的感情。

你应该学会谦虚些，不要太过于高傲，要随时考虑别人的意见，不要做得太固执，应该让人们觉得你是一个可以谈话的人，是很懂得道理的人。

谈话的目的在于了解一下别人对某一件事情的意见和对社会世事的看法，以便增加双方的了解和认识，增进朋友之间的友谊，使大家对生活感兴趣，在感情上得到安慰。如果发现与对方的意见、看法不一致，也能从中得到启发和学习，对方也会感到刺激和满足。如果听见别人的意见和看法同你一样时，你要立刻表示赞同，不要迟疑。不要认为这样做是为了讨好对方，也不要认为这是随声附和，因此就不吱声了。假如不做声，反而使人觉得你与对方的意见相反，或者是没有主见。

不要总是自以为是

每个人或多或少都会有不安全感。当你在世人面前展现自己、显露才华时常常会激起各式各样的怨恨和忌妒。尤其对于那些居你之上的人，更应该采取不同的应对方式，如果想要获得成功和领导的赏识，抢夺上司的风头也许是最严重的错误。

财政大臣富凯为了博得路易十四的欢心，决定策划一场前所未有的壮观的宴会。他邀请了拉芳田、拉罗什富科和赛维尼夫等当时欧洲显赫的贵族和伟大的学者。著名剧作家莫里哀还为这次盛会写了一部剧本，在晚宴时隆重登场。

宴会非常奢华，有许多大家从未尝过的东方食物及其他创新食品。庭园和喷泉以及烟火和莫里哀的戏剧表演，都让嘉宾们兴奋不已。他们都认为这是自己参加过的最令人赞叹不已的宴会。

然而，出人意料的是，第二天一早，国王就逮捕了富凯。三个月后富凯被控窃占国家财富罪被关进了监牢，他在单人囚房里度过了人生最后的 20 年。

路易十四傲慢自负，号称“太阳王”，希望自己永远是众人注目的焦点，他怎能容许财政大臣抢占自己的风头呢？

富凯本以为国王观看了他精心安排的“表演”，会感动于他的忠诚与奉献，还能让国王明白他的高雅品位和受人民欢迎的程度，对他产生好感，从而任命他为宰相。然而事与愿违，每一个新颖壮观的场面，每一位宾客给予的赞赏和微笑，都让路易十四感觉富凯的魅力超过了自己，身为国王却不能让朋友和子民为自己的风度和创意更加心悦诚服，是一件很危险的事。

富凯万万没想到这样会触犯国王的虚荣心。当然，路易十四不会向任何人承认这点的，他只是找了个借口除掉这位令他感到不安的大臣。有“太阳王”之称的路易十四怎么会让别人夺去他的光辉呢？富凯这些举动让国王感到不平衡，国王尚且没有这样的奢侈，财政大臣怎么能有呢？

正如著名作家伏尔泰描述的那样：“当夜幕开启，富凯攀上了世界的顶峰。等到夜晚结束，他跌落到谷底。”

因此，永远让位于居你之上的人，让他觉得他比你优越。如果你渴望取悦他们，令他们印象深刻，不要过分展现你的才华，否则，有可能达到相反的效果——激起他的畏惧和不安。

己不如人是一件令人恼恨的事情。一旦你的风头超过上司，就可能引起他对你的怨恨，这对你来说是十分不利。不要总是自以为是，那样只能给你带来更多的麻烦，招惹上司对你有什么好处呢？让领导在一切重大的事情上作决定吧，除非领导把这种权力赋予了你。

要设身处地为别人着想

如果在恰当的时候，从对方的角度为他人着想，你不会失利，反而会赢得对方的信赖与认同。

卡耐基曾租用某家大礼堂讲课。一天，他突然接到通知，租金要提高3倍，卡耐基前去与经理交涉。他说：“我接到涨租金的通知，有点震惊，不过这不怪你。如果我是你，我也会这么做。因为你是旅馆的经理，你的职责是使旅馆尽可能赢利。”紧接着，卡耐基为他算了一笔账：“将礼堂用于办舞会、晚会，当然会获大利。但你撵走了我，也等于撵走了成千上万有文化的中层管理人员，而他们光顾贵旅社，是你花5万元也买不到的活广告。那么，哪样更有利呢?”最终，经理被他说服了。

卡耐基之所以成功，在于当他说“如果我是你，我也会这么做”时，他已经完全站到了经理的角度。接着，他站在经理的角度上为对方算了一笔账，抓住了经理的兴奋点——赢利，使经理心甘情愿地把天平砝码加到卡耐基这边。

关于这一点，让我们共同分享美国汽车大王福特说过的一句话：假如有什么成功秘诀的话，就是设身处地替别人着想，了解别人的态度和观点。因为这样不但能得到你与对方的沟通和理解，而且更为清楚地了解对方的思想轨迹及其中的“要害点”，方可有的放矢，击中“要害”。同时，你也会从中获益。

谦让是人生修养的体现

QIANRANG SHI RENSHENG XIUYANG DE TIXIAN

平易近人的帕尔梅

世界上的伟人们都有一个共同的特点，那就是为人处世都十分的谦和礼让，这可能也是他们青史留名的原因之一吧。相反，那些蛮横霸道的人物，往往是历史上的过眼云烟，转瞬即逝。

瑞典前首相帕尔梅是十分受人尊敬的领导人。他当时虽然是政府首相，但仍住在平民公寓里。他生活十分简朴，平易近人，与平民百姓毫无二致。帕尔梅的信条是："我是人民的一员。"

除了正式出访或特别重要的国务活动外，帕尔梅去国内外参加会议、访问、视察和私人活动，一向很少带随行人员和保卫人员。只是在参加重要国务活动时才乘坐防弹汽车，并有两名警察保护。有一次他去美国参加一个国际会议，人们发现他竟然独自一人乘出租车去机场。

1984 年 3 月，他去维也纳参加奥地利社会党代表大会，也是独自前往的。当他走入会场的时候，还没有人注意到他，直到他在插有瑞典国旗的座位上坐下来，人们才发现他。对他的举动，与会者都啧称赞不已。

同普通群众打成一片是帕尔梅为人的重要特点。帕尔梅从家到首相府，每天都坚持步行，在这一刻钟左右的时间里，他不时同路上的行人打招呼，有时甚至与同路人闲聊几句。帕尔梅同他周围的人关系处得都很好。在工作之余，他还经常帮助别人，毫无高贵者的派头。帕尔梅一家经常到法罗岛去度假，和那里的居民建立了密切的联系，那里的人都将他看作朋友。他常常在闲暇时间独自骑车闲逛、铡草打水、劈柴生火、帮助房东干些杂活，以此来联系和接触群众，使彼此之间亲如家人。

帕尔梅喜欢独自微服私访，去学校、商店、厂矿等地，找学生、店员、工人谈话，了解情况，听取意见。他从没有首相的架子，谈吐文雅、态度诚恳，也从不搞前呼后拥的威严场面。这些都使他深得瑞典人民的爱戴。

帕尔梅平易近人，他同许多普通人通过信件建立了友谊。他在位时平均每年收到1.5万多封来信；其中1/3来自国外，为此他专门雇用了4名工作人员及时拆阅、处理和答复，做到来者皆阅、来者均复。对于助手起草的回信，他要亲自过目，然后才能签发。这一切都使他的形象在人民心目中日益高大。帕尔梅首相府的大门也永远向广大人民开放，永远是人民的服务处。在瑞典人民的心目中，帕尔梅是首相，又是平民；是领导人，又是兄弟、朋友，他是人们心目中的偶像。

球场上排队的总司令

红军长征到达陕北后，中央军委机关设在延安城内。当时，离机关不远的地方有一个简陋的篮球场，一到中午、晚上，这里便异常热闹，几乎天天都有球赛。

在众多的篮球爱好者中，身为红军总司令的朱德也是其中的一个。那时，他虽年近50，但身体素质很好，打球的技术也不错，尤其是三大步上篮的动作，更为敏捷、灵活，尽管对方防守严密，他也常以假动作过人投篮。因此，每当他上场参赛，往往就成为一方的主力队员。

朱德不仅球艺不错，而且球风也堪称楷模。一段时间，由于打球的人太多，大家不能都上场，只好采取排队换班的办法。赶上人多的时候，朱德照例和大家一样排队等着。有时，排在前面的人见总司令等的时间久了，觉得过意不去，就主动让他上场先打，恳切地说："您是总司令，我们没有意见。"每遇这种情况，朱德总要谢绝，说："要不得，要不得，战场上我是司令，球场上我是队员，和大家一样，按号来，按号来。"什么时候轮到自己，他才上场。

有一次，朱德和机关的几大员赛球，对方在输了球的情况下，打得有些急躁，防守和进攻十分凶猛。紧盯朱德的是对方一个长得五大三粗的队员，见总司令正在篮下举手投球，迅即跳起"盖帽"，不但把球打飞了，还因用力过大，一拳把朱德的鼻子打出了血。见出手伤了总司令，那个队员立即紧张起来。朱德却显得很平静，一边告诉大家不要紧，一边擦去脸上的血，朝队员们一挥手，说："来，接着打吧！"比赛结束后，对方队员一再向总司令道歉，那位五大三粗的队员还请求总司令处分他。见此，朱德笑着对他们说："球场打球不分上下，谁有本事谁得球。不是故意伤人，只能算犯了球规；犯了球规就罚球，不存在处分人的问题。再说球场就是战场，抢球不让人，没点拼劲怎能赢球呢？"大家听了，深深为朱总司令平等待人的作风所感动，进一步增添了对总司令的敬意。

诚心道歉的卡耐基

有一次，卡耐基在电台发表演说，讨论《小妇人》的作者露易莎·梅·艾尔科特。当然，他知道她是住在马萨诸塞州的康科特，并在那儿写下了她那本不朽的著作。然而卡耐基竟未假思索，贸然说他曾到过新罕布什州的康科特，去凭吊她的故居。

如果他只说错了一次，可能还会得到谅解。但是老天，他竟然说了两次，真是可叹！无数的文件、电报、短函涌进卡耐基的办公室，像一群大黄蜂，在卡耐基这完全不设防的头部绕着打转。多数是愤愤不平，有一些则侮辱卡耐基。一位名叫卡洛尼亚的女士从小在康科特长大，当时住在费城，她把怒气全部发泄在卡耐基身上。如果卡耐基指控艾尔科特小姐是来自新几内亚的食人族，她也不会更生气，因为她的怒气实在已到达极点。他一面读她的信，一面对自己说："感谢上帝，我幸好没有娶这个女人！"他真想大骂她一顿，并且写信告诉她，虽然他在地理上犯了一个错误，但她在礼节上犯了更大的错误。这将是他信上开头的两句话。接着他准备卷起袖子，把他真正的想法告诉她。最后，卡耐基没有那样做，他控制住了自己。他明白，任何一位急躁的傻瓜都会像他开头想的那么做，而大部分傻瓜也只会那么做。

卡耐基决定试着把她的敌意改变成善意。这将是一项挑战，他对自己说："毕竟，我要是她，我的感受也可能跟她一样。"于是，他决定同意她的观点，并且要告诉她："我一点儿也不奇怪您有这种感觉，如果我是您，很可能也会这么想的。"当卡耐基第二次到费城的时候，就给她打电话。他们通话的内容大致如下：

卡耐基：卡洛尼亚夫人，几星期前您写了一封信给我，我想向您致谢！

卡洛尼亚：（有教养、有礼貌的口吻）请问，我有幸说话的您是哪一位先生？

卡耐基：您不认识我，我叫戴尔·卡耐基。几周前，您听过我的一篇关于露易莎·梅·艾尔科特的广播演说。我犯了一个不可原谅的错误，竟说她住在新罕布什州的康科特。这是个很愚蠢的错误，我想为此道歉。您真好，肯花那么多时间写信指正我。

卡洛尼亚：卡耐基先生，我写了那封信，很抱歉，我只是一时发了脾气，我必须向您道歉。

卡耐基：不！不！该道歉的不是您，而是我。任何一个小学生都不会犯那样的错误。在那次以后的第二个星期天，我在广播中道歉了，但我现在想亲自向您道歉。

卡洛尼亚：我是在马萨诸塞州康科特出生的，两个世纪以来，我家族里的人都曾参与马萨诸塞州的重要大事，我很为我们家乡感到骄傲。因此，当我听说您说艾尔科特小姐住在新罕布什州时，我真是太伤心了。不过，我写了那封信觉得很惭愧。

卡耐基：我敢保证，您伤心的程度一定不及我的1/10，我的错误并没有伤害到马萨诸塞州，但却使您大为伤心。像您这样有地位、有文化教养的人士，是很少写信给电台的人的，如果您在我的广播中再度发现错误，希望再写信来指正。

卡洛尼亚：您知道吗，我真是很高兴，您接受了我的批评。您一定是个大好人，我很乐于和您交个朋友。

笔走龙蛇的怀素和尚

怀素原来的姓名叫钱藏真，长沙人，后来出家当了和尚，怀素是他的法名。怀素学习写字时，下了极大的功夫。他生活穷困，买不起纸，就在院子里种了一大片芭蕉树，采下那又长又宽的芭蕉叶，当纸练习写字。芭蕉树叶用完了，他又做了一个木盘和一块木板，刷上漆，在上面练字。时间长了，把木盘和木板都写穿了。他写字用过的废笔，都扔在院子里的空地上。久而久之，废笔聚积了一大堆，他在上面盖上土，埋起来，取名叫"笔冢"。

怀素也爱喝酒。酒醉兴发，拿起笔来，遇见可以写字的地方，就奋笔疾书。因此，在他住的寺庙的墙壁上、用的器具上、自己穿的衣服上，都写满了字。他作过一首诗，描写自己写字的情景说："粉壁长廊数十间，兴来小豁胸中气。忽然绝叫两三声，满壁纵横千万字。"

怀素年轻的时候，跟一个叫邬彤的书法家学习书法。邬彤曾经向张旭学过书法。怀素向邬彤学了一年多时间，书法有长足的进步，只是草书的竖划，写出来总不理想。之后，他辞别老师的时候，邬彤对怀素说："万里之行，无以为赠，我有一件宝贝，愿意割爱送给你。"怀素早就听说邬彤珍藏了王羲之的三份书法真迹，是稀世之宝。怀素以为邬彤要把这件宝贝送给他，心中万分高兴。没想到上路的时候，邬彤只送了他一句话："草书的竖划，要写得像古钗脚。”钗是古代妇女戴在头上的首饰。怀素仔细琢磨这句话，觉得开了窍，可以解决竖划写不好的问题，他才体会到老师的这件礼物并不亚于王羲之的真迹。

晚年的时候，怀素从长沙跋涉来到长安，向大书法家颜真卿求教。颜真卿对他说：“学习书法，除老师传授的以外，还应该有自己的独创。你的老师邬彤可有什么独到之处?”怀素回答：“邬彤老师教我，草书的竖划要写得像古钗脚。”颜真卿听了，微微一笑，没说什么。当怀素学业结束，向颜真卿告辞回乡的时候，颜真卿才对他说：“你说竖划要像古钗脚，哪里比得上屋漏痕呢?”屋顶上漏雨，雨水顺着墙壁往下流，流到不平坦的地方就会稍稍一折，从一旁继续流下去。于是墙壁上留下了一道并不是一泻到底的痕迹。这个比喻是说，写竖划的时候，不可一泻直下，手腕要时左时右、顿挫运笔，就像屋漏痕曲折而下，这样的笔法才圆活生动、顿挫生姿。怀素听了，高兴得一时答不上话来，只是紧握着颜真卿的双手，不住地发出“啧啧啧啧”的声音。颜真卿又问他：“你自己有什么心得吗?”怀素回答说：“我作草书，就像夏天的云彩，奇峰异嶂，没有一定的势态；等风一吹来，那云彩就变化无穷，形成各种自然的姿态。”颜真卿听了，十分欣赏，高兴地赞叹说：“噫！草书的渊源奇妙，一代一代都有人传了下来。你刚才的话，真是从来没有听说过的要领啊！”

怀素晚年，书法艺术达到了炉火纯青的地步。伟大诗人李白比怀素年长25岁，他曾经写过一首诗赞扬怀素的草书，其中有几句写道：“飘风骤雨惊飒飒，落花飞雪何茫茫！起来向壁不停手，一行数字大如斗。恍恍如闻神鬼惊，时时只见龙蛇走。”

“缓称王”的朱元璋

“缓称王”作为朱元璋“高筑墙，广积粮，缓称王”大战略的最后一个环节，实际上也是最重要的一个环节。

当朱升提出“缓称王”时，主要的几路起义军和较大的诸侯割据势力中，除四川的明玉珍、浙东的方国珍外，其余的领袖皆已称王称帝。最早的徐寿辉，在彭莹玉等人的拥立下，于元至正十一年（1351 年）称帝，国号天完。张士诚于元至正十三年（1353 年）自称诚王，国号大周。刘福通因韩山童被害，韩林儿下落不明之故，起兵数年未立“天子”。到元至正二十年（1360 年）徐寿辉被部下陈友谅所杀，陈友谅自立为帝，国号大汉。四川明玉珍闻讯，也自立为陇蜀王。一时间，九州大地，“王”“帝”俯拾皆是。

此时只有朱元璋依然十分冷静。他明白“谁笑在最后，谁才是真正的胜利者”这个道理。所以，他坚定地采纳“缓称王”的建议。朱元璋成为一路起义军的领袖，始终不为“王”“帝”称号所动，直到元至正二十四年（1364 年），朱元璋才称吴王。至于称帝，那已是元至正二十八年（1368 年）的事情了。此时，天下局势已明朗，也就是说，朱元璋即便不称帝，也快成为事实上的“帝”了。

与其他各路起义军迫不及待地称王称帝的做法相比较，朱元璋的“缓称王”战略不可谓不高明。“缓称王”的根本目的，在于最大限度地减少己方独立反元的政治色彩，从而最大限度地降低元朝对自己的关注程度，避免或大大减少过早与元军主力和强劲诸侯军队决战的可能。这样一来，朱元璋就更有利地保存实力，积蓄力量，从而求得稳步发展了。

要知道，在天下大乱的封建朝代，起兵割据并不意味着与中央朝廷势不两立，不共戴天。但一旦冒出个什么王或帝，打出个什么国号，那就标志着这股势力与中央分庭抗礼了。因此，哪里有什么王或帝，朝廷必定要派大军前去镇压。徐寿辉称帝的第二年，元朝大军就对天完政权发起大规模的进攻。同样的道理，张士诚、刘福通等人，莫不为元军围攻。

相比之下，只有尚未称帝的朱元璋，一直到大举北伐南征前，都未受到元军主力进攻。原因之一，是朱元璋周围有徐寿辉（后为陈友谅）、小明王、张士诚势力的护卫，元军要进攻朱元璋，必须首先越过他们占据的地域。但这也不是绝对的。元军曾进攻过张士诚的六合，距离应天只有五六十千米，元军可以到六合，当然可以到应天，否则朱元璋也就不会慌慌张张地派兵救援六合了。原因之二，是朱元璋在称帝之前，一直“忍辱负重”，隶属于小明王的宋政权。当时天下称帝者有三四个，处于摇摇欲坠中的元朝根本顾不上朱元璋这一类附于某一政权的势力。而朱元璋正是抓住了这一有利机会，加紧扩大地盘壮大力量，最后终于成为收拾残局的主宰者。

“缓称王”还避免了过多地刺激个别强大的割据政权。元末虽乱，但到最后“冠军”只能有一个。从这个意义上讲，任何一个割据政权都是皇权路上的竞争者。因此，割据政权除要与朝廷斗争外，相互之间还有“竞争”，这种“竞争”实际上就是血腥的相互残杀。正因为朱元璋“缓称王”，不但避免卷入这种残杀，而且借隶属于小明王的宋政权，一方面讨得宋政权的欢心，另一方面也得到了宋政权的庇护，可谓一箭双雕。

虚心接受指教的名家

1942 年初夏的一个夜晚，在号称长江沿岸三大火炉之一的山城重庆，有一家剧院正在上演郭沫若的新作——五幕历史剧《屈原》。观众们冒着 30 多度的高温挤坐在一起，聚精会神地看着演出。额上的汗水不停地往下流，似乎全然不觉，他们完全被屈原的不幸遭遇、爱国热情和顽强斗争的精神深深地吸引住了。特别是屈原那景仰光明、渴欲摧毁黑暗的《雷电颂》，像利剑一样刺向反动派，更在他们的心里掀起了滚滚波涛。大幕刚一落下，剧场里立即爆发出热烈的掌声。

为了检查演出的效果，不断修改提高，郭老也在台下看戏。演员的表演，他十分满意，观众的热情，又使他深受鼓舞。但他总觉得剧中有一句台词在台下听起来不够味儿。那是第五幕第一场，屈原的侍女婵娟满怀疾愤地痛斥投靠南后、背叛老师的宋玉的一段话：“宋玉，我特别的恨你，你辜负了先生的教育，你是没有骨气的文人！”“究竟是哪点不够味儿呢？”郭老边看边想，一直到散场，仍未找到答案。

回到了天官府家中，郭老又继续琢磨如何修改，想了半天，才算是有了点眉目。第二天晚上演出前，他便到后台找到扮演婵娟的张瑞芳，商量怎样修改。

张瑞芳正要准备化妆，一见郭老来了十分高兴，便请郭老对昨晚的演出提出意见。

郭老笑着说："演得不错嘛！很有激情啊！就是有一句台词听起来似乎不够味儿。"

"哪一句？"

"就是婵娟骂宋玉的那句话：'你是没有骨气的文人！'"

"我也有这样的感觉。每次演到这里，总觉得有点别扭，好像没有把婵娟痛恨宋玉的强烈感情充分表达出来。"

"我看，在'没有骨气的'后面加上'无耻的'三个字，怎么样？"

张瑞芳没有马上回答。她站起身来，学着舞台上的动作，满怀疾愤地说："宋玉，我特别的恨你……你是没有骨气的无耻的文人！"她用各种姿势，各种语气，重复了几遍，最后摇头说："好像还是不大够味儿！"

"还是不大够味儿？"郭老似乎有点为难了。他走到窗前，望着窗外火红的石榴，陷入了沉思。

"这样改行不行？"不知是谁说了这么一句。

郭老转身一看，原来是正在化妆的张逸生，连忙问道："你怎样改？"

"把'你是'改成'你这'不就够味了吗？"

郭老一听，心里一亮，马上念了起来："你这没有骨气的无耻的文人！你这没有骨气的无耻的文人！……好！改得好！"郭老情不自禁地拍了一下张逸生的肩膀："你这一改，比原来那句话够味多了！"

张瑞芳也带着表情高声地念了一遍，眉飞色舞地说："改得太好了，这一下，婵娟的感情就充分地表达出来了！这一场，我马上就照改后的台词演出。"

在当天晚上的演出中，演员念到婵娟痛斥宋玉的这句台词时，果然比头晚的演出有力多了，郭老在台下听起来也觉得很满意。

寻师访友求藏书的郑樵

《通志》是我国历史上一部重要的史学著作，全书共200卷，记载了宋朝以前的中国历史，内容丰富，材料扎实，直到今天仍是我们研究宋以前历史的重要参考书之一。这部书的作者，是宋朝著名的历史学家郑樵。他写这部书只用了一年多时间。也许有人认为，能在这么短的时间写出这么重要著作的人，一定是个天才吧？其实，这完全是郑樵四十多年勤奋读书、积累知识的结果。

郑樵，字渔仲，福建莆田人。他16岁时父亲去世了，按照当时的规矩，父母去世后，儿子应当守孝三年，守孝期不能参加各种娱乐活动，不能参加科举考试，也不能随便到别人家里去。于是郑樵便约了堂兄郑厚，隐居莆田县西北的夹漈山，在那里专心致志地刻苦攻读。

郑樵学习的兴趣很广。他博览群书，深入钻研过历史、天文、地理、生物等各方面的学问。他也很重视实践知识，例如在学习天文的时候，他为了更好地掌握书本上记载的各种星星的情况，就在夜间观测星星的位置、亮度和特征，并一一记录下来，补充书本知识的不足。又如在学习动植物知识的时候，他常常跑到田野里去，观察各种鸟兽虫鱼、花草树木，熟悉它们的形状和生长特性，并且经常向老农、渔翁、樵夫、猎人请教。他还很注意知识的系统性，常常把自己学习的笔记整理得井井有条。他说："求学问就像带兵打仗。善于带兵的将军，懂得怎样约束部下，怎样进攻，怎样防守，一切行动都很有条理；善于读书的人也必须懂得整理知识，把知识整理得有条有理，才能达到融会贯通的地步。"

静谧的深山，给他创造了静心读书的环境，美妙的大自然，成了他学以致用的大课堂。本来只是守孝三年，可他在深山苦读，一住就是三十年，读遍了他所能找到的一切书籍。他还嫌不足，深感自己的见识不广，于是就出门旅行，到处游览名山大川、寻师访友。他一打听到谁家有藏书，就赶快去借来阅读。这样游历了十多年，他的知识更加丰富了。为了把自己的知识留给后人，他游历回来后，就回到夹漈山中集中精力著书。他著的书有五六十种，1000 多卷，《通志》是其中最有名的一部。

不入民宅的子弟兵

1949 年夏初，解放军数十万大军包围上海，守城国民党军已成瓮中之鳖，上海解放，指日可待。

“军队进城后，怎样才能取信于民，得到他们的拥护呢?”这是陈毅同志日思夜想的一个大问题。上海情况很复杂，接管当中若稍有疏忽，后果不堪设想，搞不好，解放军甚至难以站稳脚跟。怎样从一开始，就给上海人民一个好印象呢？一天，陈毅同志忽然想起史书上有军队“不入民宅”的记载，于是在“入城守则”中加了这一条。但在团以上干部会上讨论这个问题时，许多同志想不通。我军与老百姓鱼水情深，在农村都是住在老百姓家里，到上海为什么睡马路呢?

一个团长问：“遇上大雨怎么办?”

陈毅同志郑重而严肃地说：“这一条一定要无条件地执行，说不入民宅，就是不准入民宅，天王老子也不行。这是我们人民解放军送给上海人民的见面礼!”

总前委在讨论“入城守则”草案时，刘伯承、邓小平等同志都非常赞同这一条。中央军委很快批准了这个“入城守则”，毛泽东同志回电批复：“很好很好很好很好。”

部队进入上海市区后，严守“入城守则”，尽管上海连日大雨，五月的夜晚尚有寒意，但解放军指战员仍睡马路，无一人入民宅。为了不惊扰群众，部队还把战马和车辆一律留在市郊；饮水和饭食要从三四十里以外送来；解放军官兵每餐只吃少量咸菜，以保障市民的蔬菜供应。

这一切深深地感动了上海人民，他们从这些感人的事实得出结论：解放军是真正的人民子弟兵，是自己的队伍。热情的市民带着水、饼干等纷纷涌向街头慰问子弟兵，整个上海街头呈现出一片亲人相会的动人景象。铁的纪律保证了中国共产党的各项城市政策的顺利执行，中国共产党和人民解放军很快在群众中站稳了脚跟。

礼貌谦让的参谋长

第二次世界大战中，作为苏联党和国家领导人的斯大林，由于受反常的“自我尊严”的驱使，变得很难接受别人的意见，“唯我独尊”的个性使他不能允许世界上有人比他高明。莫斯科保卫战前夕，大本营总参谋长朱可夫将军曾建议“放弃基辅城”，以免遭德军的“合围”。这本来是一个很有战略眼光的建议，但斯大林听不进去，当面骂朱可夫“胡说八道”，并一怒之下把朱可夫赶出大本营。不久，基辅果然遭德军合围，守城的红军精锐部队全军覆没。等到斯大林对朱可夫说“你是对的”时已经是马后炮了。但是，一度当了苏军大本营总参谋长的华西里也夫斯基，却往往能使斯大林不知不觉采纳他正确的作战计划，从而发挥了杰出作用。

华西里也夫斯基的进言策略甚是别致。在斯大林的办公室，在斯大林与华西里也夫斯基谈天说地的“闲聊”中，华西里也夫斯基往往“不经意”地“顺便”说说军事问题，既不郑重其事，也不头头是道。可是奇妙的是，往往等他走了以后，斯大林便会想起一个好计划。过不了多久，斯大林在军事会议上陈述了这个计划。大家都惊讶斯大林的深谋远虑，纷纷称赞，斯大林自然十分高兴。再看看华西里也夫斯基本人，也与大家一样显得惊异，并且也与众人一道表示赞叹折服。这样一来，再也没有人想到这是华西里也夫斯基的主意，甚至斯大林本人也不这样想了。但是，上帝最清楚，统帅部实施的毕竟还是华西里也夫斯基的计划。

华西里也夫斯基也在军事会议上进言，但那方式方法更是令人啼笑皆非。他首先讲三条正确的意见，但口齿不清，用词不当，前后重复，没有条理，声音含混，因为他的座位通常靠近斯大林，所以只要使斯大林一个人明白他的意思就行了。接着他又画蛇添足地讲两条错误的意见。这会儿，他来了精神，条理清楚，声音洪亮，振振有词，必欲使这两条错误意见的全部荒谬性都昭然若揭才肯罢休。这往往使在场的人心惊胆战。

等到斯大林定夺时，自然首先批判华西里也夫斯基那两条错误意见。斯大林往往批判得痛快淋漓，心情舒畅。接着，斯大林逐条逐句、清晰明白地阐述他的决策。他当然完全不像华西里也夫斯基那样词不达意、含混不清。但华西里也夫斯基心里明白，斯大林正在阐述他刚刚表达的那几点意见，当然是经过加工、润色了的。不过，这时谁也不再追究斯大林的意见是从哪里来的。这样一来，华西里也夫斯基的意见也就移植到斯大林心里，变成斯大林的东西，因而得以付诸实施。

事后，曾有人嘲讽华西里也夫斯基神经有毛病，是个“受虐狂”，每次不让斯大林骂一顿心里就不好受，华西里也夫斯基往往是笑而不答。只是有一次，他对过分嘲讽他的人回敬道：“我如果也像你一样聪明，一样正常，一样期望受到最高统帅的当面赞赏，那我的意见也就会像你的意见一样，被丢到茅坑里去了。我只想我的进言被采纳，我只想前线将士少流血，我只想我军打胜仗，我以为这比讨斯大林当面赞赏重要得多。”

全国薪饷最低的都督

辛亥革命中，蔡锷在云南起义，后任云南军政府都督。云南独立后，军政府失去清廷部库拨款和邻省的“协饷”，军费开支又很大，面临财政危机。蔡锷厉行整顿财政，节约开支，削减公务人员的薪俸便是重要措施之一。1912 年 1 月至 6 月，蔡锷两次带头减薪。第一次减去八成，从原定都督月薪 600 元减为 120 元，并规定都督以下各级人员依次递减，级别越低减幅越小，兵丁夫役工匠都维持原薪不动。第二次规定凡月工资在 60 元以上的一律减为60元，以下人员仍按前次递减，兵丁夫役等不动。

经过两次减薪，蔡锷作为都督的薪饷竟和营长一样了。难怪有人说：云南的都督，是全国薪饷最低的都督。

蔡锷两次带头减薪，影响所及，使廉洁奉公成为一时风尚。由于一系列整顿财政和节约开支的措施得到推行，1912年云南财政不仅没有赤字，还节余了20万元。这在云南财政史上是罕见的，在全国各省中也是少有的。

蔡锷任云南都督时，他的弟弟从湖南家乡来求哥哥安排工作。蔡锷对他说："这里没有适当的位置安排你。"说后，便给了弟弟20元作旅费，让他步行返回老家。

1916年11月8日凌晨，年仅34岁的蔡锷不幸病逝于日本福冈大学医院。临终前，他说："我不死在疆场上'马革裹尸'，而死于病床上不能为国家作更大贡献，自觉死有余憾。"并口授遗嘱四条，其中之一便是："锷以短命，未能为国尽力，应予薄葬。"

蔡锷平时工薪所得，除衣食费用外，都捐献给军队，家无积蓄，又从不接受任何形式的贿赂。据说，他死后负债三四千元，都用他的抚恤金和友人资助的钱偿还了。

虚怀若谷的董必武

董必武同志疾恶如仇，但对同志却是诚心诚意，宽宏大度，关怀备至，决不因其一时犯错而嫌弃。

那是在1944年，正当国共两党斗争随着抗日战争即将胜利而日趋尖锐复杂的情况下，原《新华日报》记者陆诒因对形势作了错误的判断，对当时尖锐的政治斗争和根据地艰苦的战斗生活感到害怕和厌倦，要离开报社。离开报社，就是脱离党、脱离革命。《新华日报》的领导和办事处的同志们知道这件事后，都非常气愤，骂他是可耻的逃兵。

董老知道后，对大家说："同志们的正义感和爱党的心是好的。但是一味厌倦和鄙弃他，于事无补，应当尽力挽救他才是。”

他一方面说服大家不要冷嘲热讽陆诒，另一方面亲自找陆诒谈话做工作。他把陆诒叫到自己房间，给他分析国际国内形势，对他要脱离党、脱离革命的思想和行为，进行了严肃地批评和耐心地教育，真是做到了仁至义尽。陆诒没有接受董老的忠告和党组织的帮助，执意离开报社。临行前，董老再三说服大家，不要当面羞辱他，并诚恳地对陆诒说：“你虽然暂时离开了我们，我们不能做同志，但是仍可以做朋友，来日方长，后会有期。以后，如果有什么困难，仍旧可以来找我们，热烈欢迎，不必有什么顾虑。”

1946 年五六月间，董老以中共代表的身份赴上海、南京与国民党谈判，两次遇到以《联合晚报》记者身份进行采访的陆诒。当时陆诒的心情十分复杂，但是董老仍旧像过去在办事处工作那样，热情与他交谈，谆谆教导他在采访时应该怎么做，不该怎么做。董老在火车上还专门请陆诒到自己的软席包厢中谈话，谈形势、谈办报，问陆诒的生活、学习和工作情况，也回忆在重庆那段艰苦而有意义的生活，好像根本没有发生过陆诒脱离党、脱离《新华日报》那桩不愉快的事似的。

董老越是风度恢宏、虚怀若谷，陆诒越是百感交集、愧悔莫及，忍不住向董老检讨脱离党、脱离革命的严重错误。董老诚恳地劝导说：“人非圣贤，孰能无过！任何严重错误，接受了教训，坚决去改就好。不要老是回头看、老是记挂它。过去的已成为历史了，我们应当重在今后，应当在今后的工作实践中时刻遵循党的领导，照着党所指的方向继续奋斗，坚定不移！”

董老的博大胸怀和诲人不倦的精神，使陆诒刻骨铭心，终身不忘。虽然他脱离了党，但爱国之心尚存，在解放前和解放后，还是为党和人民做了不少有益的事情。

树立积极进取的心态

SHULI JIJI JINQU DE XINTAI

用积极的心态去思考

一个成功者与一个失败者之间的最大差别其实就在于：成功人士总是在积极地思考，用最乐观的精神和最辉煌的经验支配并控制自己的人生；而失败者则恰恰相反，他们的人生是受种种失败与疑虑支配的。

有些人总喜欢说他们现在的境况是别人造成的，其实一个人的境况哪里是由周围环境造成的。说到底，如何看待人生，完全是由我们自己来决定。

有一个故事也许大家都听过。两个秀才一起去赶考，路上他们遇到了一支出殡的队伍，几个人抬着一口黑乎乎的棺材。其中一个秀才心里立即“咯噔”一下，顿时凉了半截，心想：“完了，完了，真是倒霉极了，赶考的日子居然碰到这么倒霉的事情。”于是，心情很是不爽，甚至在走进考场之后，那个“晦气的棺材”仍在脑海中挥之不去，结果他文思枯竭，后来名落孙山。

而另一个秀才同样遇到了那支出殡的队伍，也看到了那口棺材，但他想的却和前面那位秀才不一样，他看到的是自己高中的征兆：“棺材，棺材，那不就是有“官”又有“财”吗！好兆头呀，看来今年我是要鸿运当头、金榜题名了。”他情绪高涨，走进考场，文思如泉涌，果然一举高中。

回到家里，两人都对家人说：那“棺材”真的好灵。

其实哪里是“棺材”灵呀，是他们不同的思考方式决定了他们的命运。

一位著名的心理学家认为，人的情绪主要根源于自己的信念以及他对生活的评价与解释。如果是积极地思考，就会产生积极的力量；如果是消极地思考，就会产生消极的力量。

第一个秀才之所以落得个名落孙山的结果，是因为他在考场上文思枯竭，而文思枯竭是因为他看到令他感到“触霉头”的棺材，产生了消极的思考。

而另一个秀才之所以金榜题名，是因为他看到的是令他感到“好兆头”的棺材，从而产生了积极的思考。

成功者的首要条件是他思考问题的方法。如果一个人是个积极思维者，喜欢接受挑战和应付麻烦事，那他就成功了一半。很多时候，并不是对手战胜了我们，而是我们自己打败了自己。

现实生活中，有人会因为一时的挫折而走上了绝路，也有人会因为战胜挫折而成就一番更大的事业；有人会因为对手强大而畏惧，也有人会因为挑战强大的对手而使自己快速成为巨人；有人会因为产品没有销路而抱怨产品、抱怨公司、抱怨顾客，也有人因为产品卖不出去另辟蹊径而获得成功。

所有的一切皆验证了大哲学家叔本华的一句话：“影响人的不是事物本身，而是对事物的看法。”

所以，一定要从心底里坚信，你的精神力量和思想力量能够帮助你实现自己的愿望。

美国总统富兰克林·罗斯福非常善于积极思考，最终他也成为了一个很有影响力的人。

罗斯福小时候十分胆小，当老师叫他起来背诵课文时，他就双腿打颤，呼吸急促，嘴唇颤抖不已。可是，他后来却成了领导美国人抗击法西斯、为世界和平作出巨大贡献的美国总统。这是为什么呢？主要是因为罗斯福认识到了自身的缺陷，并且不屈服于命运，善于积极思考并不断地超越自己。

罗斯福没有因为自己的缺陷而自卑，也没有因为害怕同学的嘲笑而后退，反而很好地将残疾带来的压力与痛苦转化为不断促进自己前进的动力。别的孩子骑马，他也骑马；别的孩子参加童子军，步行几十里，他也步行几十里。背课文时，他咬紧牙床使嘴唇不颤抖，努力克服恐惧。到成年时，他已成为非常强壮的男子汉，常去非洲猎豹，在高山上猎熊，再也看不出丝毫的胆小怯弱。

可以说罗斯福是积极思考、挑战自己的典范。只有抱着积极的心态，才会主动去寻找解决问题的办法。

积极地思考是非常重要的。积极地思考，坏事会变好；消极地思考，好事也会变坏。

好的心态在于激发

多年前，电视剧《北京人在纽约》风靡全国，这部电视剧之所以吸引人们的眼球，除了剧情外，关键是它充满着一种积极向上的力量，鼓励人去努力，去奋斗。

剧中有一句很有名的话："如果你爱一个人，那么让他到纽约去吧，那里是天堂；如果你恨一个人，那么让他到纽约去吧，那里是地狱。"

这句话很有意思，纽约对于一些人来说，是个天堂，而对于另外一些人来说，则是名副其实的地狱。

区别地狱和天堂的尺度，其实就在自己的心里。对于心态积极的人来说，那里就是天堂，而对于心态消极的人来说，那里毫无疑问就是地狱。

北京的音乐家王启明为了追逐梦想，携妻子来到了美国的大都会纽约。

但是，这里并不像他想象的那样，他这个音乐家在这里根本没有办法生活。最后只好放下架子，用拉小提琴的双手去餐馆刷盘子，日子可以说是过得相当凄惨。这个时候的纽约，对于王启明来说就是典型的地狱；但是王启明并没有因此而消沉，而是在努力求生存，并最终获得了成功，这个时候的纽约，对于他来说就是天堂。

而这之间的根本区别，就在于心态的积极与否。如果没有积极的心态作为后盾，在国内只会拨弄琴弦的王启明怎么会激发出经商的潜能呢？又怎么能够获得成功呢？

我们每个人天生都携带着一种看不见的法宝——积极的心态。由于有了积极的心态，王启明赤手空拳来到了美国，并获得了成功。还有一些比王启明的条件优越上百倍的人，由于没有积极的心态，而走上了绝路。

据媒体报道，一位在加拿大留学的中国学生在多伦多跳桥自杀，身后遗下一双未成年的儿女及无助的妻子。这位留学生曾经是高考状元，在国内一所著名高校获得硕士学位，被破格提升为该校最年轻的副教授。后远渡重洋赴美国攻读，并且获得核物理博士学位。后来移居加拿大，因找不到合适的工作，万般无奈之下，在多伦多攻读第二个博士学位。

此后由于四处寻找工作没有结果，最后走上了绝路。

这个拥有双博士学位、在国外生活多年的留学生，条件比只会拉琴、对美国丝毫不了解的王启明可谓是好上百倍，但是由于心态的不同，他们走上了不同的道路。

心理学家认为，在人出生以后，他的心灵犹如一粒种子，蕴涵了无限的潜力和可能性，等待着自己去挖掘，而要发挥这些潜能，拥有积极的心态很重要。

大家也许都读过《假如给我三天光明》这本书，都应该知道海伦·凯勒这个人。海伦·凯勒1880年出生于亚拉巴马州北部一个叫塔斯喀姆比亚的城镇。在她1岁半的时候，一场重病夺去了她的视力和听力，接着她又丧失了语言表达能力。然而就在这黑暗而又寂寞的世界里，她竟然学会了读书和说话，并以优异的成绩毕业于美国拉德克利夫学院，成为一个学识渊博，掌握英、法、德、拉丁、希腊5种文字的著名作家和教育家。她走遍美国和世界各地，为盲人学校募集资金，把自己的一生献给了盲人福利和教育事业。她赢得了世界各国人民的赞扬，并得到许多国家政府的嘉奖。

一个聋盲人要脱离黑暗走向光明，最重要的是要学会认字读书。而从学会认字到学会阅读，得付出超乎常人的毅力。海伦是靠手指来“观察”老师莎莉文小姐的嘴唇，用触觉来领会她喉咙的颤动、嘴的运动和面部表情，而这往往是不准确的。她为了使自己能够发好一个词或句子，要反复地练习，海伦从不在失败面前屈服。

从海伦7岁受教育，到考入拉德克利夫学院的14年间，她给亲人、朋友和同学写了大量的信，这些书信，或者描绘旅途所见所闻，或者倾诉自己的情怀，有的则是复述刚刚听说的一个故事，内容十分丰富。在大学学习时，许多教材都没有盲文本，要靠别人把书的内容拼写在她手上，因此她预习功课的时间要比别的同学多得多。当别的同学在外面嬉戏、唱歌的时候，她却在努力备课。

1968年6月1日，88岁高龄的海伦走完她传奇般的一生。因为她坚强的意志和卓越的贡献感动了全世界，各地人民都开展了纪念活动。有人曾如此评价她："海伦·凯勒是人类的骄傲，是我们学习的榜样，相信众多的聋、哑、盲人都能在黑暗中找到光明。"

一个看不见任何东西、说不出一句话、听不见一丝声响的残疾人，为什么能够走出黑暗，取得了让正常人汗颜的成绩？为什么能够赢得世人如此高的褒奖？除了靠她自己的顽强毅力和她的老师莎莉文的循循教导之外，恐怕起到关键作用的就是她积极的心态。

海伦·凯勒正是凭借积极的心态将自己的潜能激发出来，才取得了辉煌的成就。

积极的心态是一种有效的心理工具，如果你认为你自己能够发挥潜能，它就能够帮助你，从而使你如愿以偿。

有人能发挥潜能、能成功，是因为他能始终保持积极的心态，这就是成败的差异。人生是好是坏，不由命运来决定，而是由心态来决定，我们可以用积极的心态看事情，也可以用消极的心态看一切。但积极的心态激发潜能，消极的心态抑制潜能。

凡事赢得主动

在社会中，凡事都要主动，要敢于主动出击，只有敢于出手才能够成为赢家，才能够赢得主动权。

求职需要机会，创业需要机会，而机会需要我们自己去主动争取，主动创造。没有机会，这是失败者的推诿，问题就在于你没有主动出击。

等待机会，是一件极笨拙的行为，如果你只是在等，你一生将永远不会成功。当亚历山大大帝获得胜利后，有人问他："你是不是等待着一种机会去进攻的呢？"他听了大怒起来，说："机会是要人自己去创造的。"是的，正是主动出击，创造机会，才成就了亚历山大的事业。

只有能创造机会的人，才能达到他的期望，完成他的抱负。只有主动出击，给自己创造机会，选择适合自己的路，才能够成为赢家。时代的发展，知识的更新，阻挡发展是不可能的，拒绝发展更是自暴自弃。唯一的选择就是主动出击，自己去创造机会，依靠自己去创业，去发展，把自己推销给社会。

在一次招聘会上，某著名外企人事经理说，他们本想招一个有丰富工作经验的资深会计人员，结果却破例招了一位刚毕业的女大学生，让他们改变主意的起因只是一个小小的细节：这个学生当场拿出了两块钱。

人事经理说，当时，女大学生因为没有工作经验，在面试一关即遭到了拒绝，但她并没有气馁，一再坚持。她对主考官说："请再给我一次机会，让我参加完笔试。"主考官拗不过她，就答应了她的请求。结果，她通过了笔试，由人事经理亲自复试。

人事经理对她颇有好感，因她的笔试成绩最好，不过女孩的话让经理有些失望。她说自己没工作过，唯一的经验是在学校掌管过学生会财务。找一个没有工作经验的人做财务会计不是他们的预期，经理决定收兵："今天就到这里，如有消息我会打电话通知你。"女孩从座位上站起来，向经理点点头，从口袋里掏出两块钱双手递给经理："不管是否录取，请都给我打个电话。"

经理从未见过这种情况，问："你怎么知道我不给没有录用的人打电话？"

"您刚才说有消息就打，那言下之意就是没录取就不打了。"

经理对这个女孩产生了浓厚的兴趣，问："如果你没被录取，我打电话，你想知道些什么呢?”“请告诉我，在什么地方我不能达到你们的要求，在哪方面不够好，我好改进。”“那两块钱……”女孩微笑道：“给没有被录用的人打电话不属于公司的正常开支，所以由我付电话费，请您一定打。”经理也笑了：“请你把两块钱收回，我不会打电话了，我现在就通知你，你被录用了。”

公司的员工问经理：“您仅仅凭两块钱就招了一个没有经验的人，是不是太感情用事了?”这位经理说：“不是。这些面试细节反映了她作为财务人员具有良好的素质和人品，人品和素质有时比资历和经验更为重要。第一，她能坦言自己没有工作经验，显示了一种诚信，这对搞财务工作尤为重要；第二，即使不被录取，也希望能得到别人的评价，说明她有直面不足的勇气和敢于承担责任的上进心。员工不可能把每项工作都做得很完美，我们接受失误，却不能接受员工自满不前；第三，女孩自掏电话费，反映出她公私分明的良好品德，这更是财务工作不可或缺的。”

最后，这位人事经理语重心长地说：“更重要的是，她一开始便被拒绝，但却能够主动争取这个岗位，说明她有坚毅的品格。”所以，一个人必需主动，只有主动才能够赢得主动权。面对机会，一定要去抢，要抓住机会，一定要多做事情，这样才能够赢得主动权，才能够离成功更近。

用好心态创造新的起点

有人曾经问爱因斯坦：“您老可以说是物理学界空前绝后的大人物，何必还要孜孜不倦地学习呢？为什么不舒舒服服地休息呢?”

爱因斯坦并没有立即回答他这个问题，而是找来一支笔、一张纸，在纸上画上一个大圆和一个小圆，然后对那个人说：“在目前情况下，在物理学这个领域里可能是我比你懂得略多一些，正如你所知的是这个小圆，我所知的是这个大圆，然而整个物理学知识是无边无际的。对于小圆，它的周长小，即与未知领域的接触面小，他感受到自己未知的少；而大圆与外界接触的这一周长，所以更感到自己未知的东西多，会更加努力地去探索。”

其实何止是爱因斯坦，但凡有所成就的人，都不会满足于自己一时取得的成绩，他们不断为自己创造新的起点，攀上新的高峰。

华人首富李嘉诚之所以能够成为一方富豪，就在于他从不满足自己的成绩。酷爱读书的李嘉诚在香港只念了两年书，由于父亲病逝，全家的生计成了问题，作为长子的李嘉诚毅然挑起当家的重担，辍学就业，当时他年仅13岁。李嘉诚先在一间玩具制造公司当推销员，由于勤奋好学，不到20岁便升任塑料玩具厂的总经理。但李嘉诚并没有满足于现状，两年后，他用平时省吃俭用的积蓄和从亲戚处筹来的7000美元租了一间旧厂房，创办起自己的塑胶厂，他将它命名为“长江塑胶厂”。

庞大的塑胶花市场，为李嘉诚带来了数以千万港元的利润。“长江”因此而成为世界上最大的塑胶花制造基地，李嘉诚则被誉为“塑胶花大王”。

但是李嘉诚并没有满足于“塑胶花大王”这顶桂冠，而是不断为自己开发新的起点，使自己不断取得更好的成绩。

李嘉诚不久便大举涉足房地产市场，1979年又斥资6.2亿元，从汇丰集团购入22.4%的股权，使“长江”成为第一个控制英资大行的华资财团。1986年，李嘉诚进军加拿大，购入赫斯基石油逾半数权益。

40年来，李嘉诚从经营塑胶业、地产业到掌握多元化的集团，他的业务经营领域早已越过太平洋，向美国、向世界伸展，成为中国的骄傲。

如果当初李嘉诚满足于自己“塑胶花大王”的称号，裹足不前，恐怕就不会有以后的辉煌，也就不会有后来“华人首富”这个称号了。

对于一个想要成就一番事业的人来说，应该不断为自己设定新的目标，不断进取，只有这样才能够成为一个真正的大赢家。

美特斯邦威的服装可以说是全国有名。该集团的老板周成建出生于浙江青田的小山村里，小时候家里非常贫穷。在他14岁那年，为给姐姐置备嫁妆，家里才买了一台缝纫机，他便自学缝纫成了一名小裁缝，制作服装出售，同时“倒卖”服装用的纽扣等一些小商品。1985年，20岁的周成建只身一人走出大山，来到60多千米以外的温州市，在妙果寺市场租了一个摊位，前店后厂制作服装销售。这次他成功地赚到了“第一桶金”，到了

1993 年他已经成为腰缠四五百万元的“款爷”。

在中国的传统观念里，如果阔起来了，就要衣锦还乡，好好风光一下。就在家里人巴望着他“衣锦还乡”的时候，周成建却又做出惊人之举：他将所赚的钱“砸出去”，注册成立了美特斯邦威公司，专门制作销售休闲服。他从实践中探索出一条“虚拟经营”的企业运作之路：将企业的生产加工“发包”出去，着力打造美特斯邦威的品牌形象。十多年过去了，他终于创建了自己年销售额接近 20 亿元的“王国”。不过他还没有满足，企业耗资上亿的温州总部大楼正在建设，位于上海浦东占地 160 亩现代化的服装设计中心也已开工……他说：“没有比脚更长的路，没有比人更高的山。”

有远见的人追求的是长远的目标，一个目标实现了，又会设定新的奋斗目标，不断地追求新的目标，为之努力奋斗，永不停滞，永不满足。

一个具有开拓进取精神的人，正是在永不满足中，不断主动地为自己设定新的目标，并为之奋斗，在自我激励中攀上事业的巅峰。

对消极的思想说不

在过去以帆船航行的年代，英国和美国的船长常常面临着一个奇怪的问题：从英国向西航行到波士顿，比从波士顿向东航行到英国要多花两星期的时间，这两星期要损失不少时间和金钱，人们因此去请教一位老船长。

老船长说：“你们不知道情况，之所以要多花两个星期，是因为大西洋深处中有看不到的湾流。向西航行时，船是逆流而行，每小时要损失 3 英里（1 英里 =1.609 千米）的速度，所以很慢。不要和湾流去争，避开湾流，自由航行在海上就行了。”

在人生的旅途中，其实也存在着“湾流”，那就是人的思想。当消极思想统治你的时候，就好比是逆流而行，会阻碍你前进的步伐；当积极的思想主导你的时候，就好像是顺流而行，使你前进更加迅速。

如果你想成功就不要为消极思想所累，如果你想与众不同就要有积极的思想。

清朝的曾国藩曾多次率领湘军同太平军打仗，可总是打一仗败一仗，特别是在鄱阳湖口一役中，连自己的老命也险些送掉。他不得不上疏皇上表示自责之意。在上疏书里，其中有一句是“臣屡战屡败，请求处罚”，有个幕僚建议他把“屡战屡败”改为“屡败屡战”。这一改，果然成效显著，皇上不仅没有责备他屡打败仗，反而还表扬了他。屡战屡败强调每次战斗都失败，成了常败将军；屡败屡战却强调自己对皇上的忠心和作战的勇气，虽败犹荣。

“不管做什么事，都要从积极的方面来思考。”罗素说，“成功其实也没有什么秘诀，不过是凡事都要积极对待而已。”成功人士做事不会以完成任务为目的，他们不管做什么事情，都会全力以赴、永远追求第一。

一位出差的公司职员搭乘了一辆出租车前去联系一项业务，上了车，他发现这辆车外观光鲜清洁，司机服装整洁，车内的布置亦十分典雅。车子一发动，司机很热心地问车内的温度是否适合，又问他要不要听音乐或是收音机。车上还有早报及最新一期杂志，前面是一个小冰箱，如果有需要，冰箱中的果汁及可乐可以自行取用，如果想喝热饮，保温瓶内有热咖啡。这些特殊的服务让这位上班族很意外，他不禁望了一下这位司机，司机愉悦的表情就像车窗外和煦的阳光。不一会儿，司机对乘客说：“前面的路段可能会塞车，这个时候高速公路反而不会塞车，我们走高速公路好吗?”

在乘客同意后，这位司机又体贴地说：“我是一个无所不聊的人，如果您想聊天，除了政治及宗教外，我什么都可以聊。如果您想休息或看风景，那我就会静静地开车，不打扰您了。”从一上车起，这位常搭乘出租车的职员就充满了好奇，他不禁问这位司机：“你是从什么时候开始这种服务方式的?”这位专业的司机说：“从我觉醒的那一刻开始。”司机接着讲了他那段觉醒的过程：他以前也经常抱怨工作辛苦、人生没有意义，但在不经意间，他听到广播节目里正在谈一些人生的态度，大意是你相信什么，就会得到什么。如果你觉得日子不顺心，那么所有发生的事都会让你觉得倒霉；相反，如果你觉得今天是幸运的一天，那么你所碰到的每一个人都可能是你的贵人。就从那一刻起，他开始了一种全新的生活方式。

目的地到了，司机下了车，绕到后面帮乘客开车门，并递上名片，说：“希望下次有机会再为您服务。”

这位出租车司机的生意没有受到经济不景气的影响，他很少会空车在这座城市里兜转，他的客人总是会事先预定好他的车。他的改变，不只是创造了更好的收入，而且更从工作中得到了自尊。正是他这种积极的工作态度创造了最大的价值。

不要让消极的思想来统治自己，不要总是看到消极的一面。消极的心态会在愚昧无知的基础上不断地生长，直到侵占你的思想，腐蚀你的灵魂。

好心情可以改变自己

好的性格可以决定人的一生，一份好的心情可以让人受用一生。有了好的心情，不仅可以改变自己，同时也能不断地感染其他人，让世界都为之快乐起来。

有一天下班后，一位先生乘中巴回家，当时车上的人相当多。在这位先生的前面站着一对年轻的恋人，他们很亲热地相互挽着。女孩背对着这位先生，她的背影看上去很标致，身材高挑、匀称、活力四射，她的头发被精心地染成了最时髦的金黄色，身着一条最流行的吊带裙，露出香肩，是一个典型的都市女孩，时尚、前卫、性感。他们靠得很近，不停地低声说着什么。女孩不时发出欢快的笑声，笑声中充满快乐，好像是在向车上的人展示：你看，我们是多么的快乐！笑声果然引来许多人的目光，大家的目光里似乎有歆羡。但是这位先生发觉他们的眼神里还有一种惊讶，难道女孩美得让人吃惊？这位先生也有一种想看看女孩的脸的冲动，想看看那张倾城的脸上洋溢着幸福会是一种什么样子。但女孩始终没有回头，她的眼里只有她的情人。

后来，那位女孩便轻轻地哼起了电影《泰坦尼克号》中的主题歌，女孩的嗓音很美，把那首缠绵悱恻的歌唱得很到位，虽然只是随便哼哼，却有一番特别动人的力量。这位先生想，只有足够幸福和自信的人，才能欢快地吟歌。这样想来，先生心里不觉有一阵酸楚："像我这样从内到外都极为孤独的人，何时才会有这样欢乐的歌声？"

很巧，这位先生和那对恋人在同一站下了车，这让他有机会看到女孩的脸，先生的心里有些紧张，不知道自己将看到一个多么令人赏心悦目的绝色美人。可就在他大步流星地赶上他们并回头看时，先生惊呆了，他一下子也理解了在此之前车上那些人惊诧的眼神。因为他看到的是一张完全出乎想象的脸——那是一张满是伤疤的脸，用"触目惊心"这个词来形容毫不夸张！真搞不清，这样的女孩居然会有那么快乐的心境。

这位先生深深地叹了口气，感慨道："上帝真是公平的，他把霉运给了那个女孩的同时，也把好心情给了她！"

其实真正掌控你心灵的，不在上帝而在于你自己。世上没有不快乐的人，只有不肯快乐的心。你必须掌握好自己的心态，对它下达命令，让它快乐起来。

一位智者说："妥善调整过的自己，比世上任何君王更加尊贵。"由此可知，"妥善调整过的自己"，比什么都重要。我们任何时候都必须明朗、愉快、欢乐、有希望，勇敢地掌握好自己的心舵。

一次，一位来自香港的高级美容师举办了一个美容讲座。大家都被这位吐字清晰、满脸笑容的美容师所吸引。

在讲座中有人提了这样一个问题："您这么年轻就成了如此出色的美容师，真是了不起。不好意思，请问您的芳龄是多少？"

"大家猜猜看。"美容师笑说。

室内气氛顿时活跃起来，有的说："32岁。"有的猜："28岁。"结果统统被美容师微笑着摇头否认。

"现在，我来告诉大家，我只有18岁零几个月。"

美容室内哗然，继而，发出一片不信任的惊诧声。

"至于这零几个月是多少，请大家自己去琢磨吧，也许是几个月，也许是几十个月，或者更多。但是，我的心情只有18岁！"美容师接着说。

她的话让大家的心情为之一畅，每一个人的脸上都放射出了光彩，好像每一个人都年轻了几岁。多么好的心情美容法！

如果，一个人的心情是灰暗忧郁的，再昂贵的化妆品也掩饰不住她满脸的愁云，再高超的美容师也无法抚平她紧锁的眉头；反之，心情是快乐的，即使素面朝天也会显示出女性的柔美。

故事中的美容师因为永远都保有 18 岁的心情，所以她容颜不老，她青春永驻，她才能笑对人生。

生于尘世，我们每一个人都不可避免地要经历凄风苦雨，面对艰难困苦，保持一种怎样的心态，将直接决定你的人生轨迹。

曾经有两个人跟随团队来到荒凉的沙漠中工作，他们放眼四周，一个看到的是满目黄沙，一个看到的是万点星光。面对同样的地方，前者持一种悲观失望的灰色心态，看到的自然是满目苍凉、毫无生气；而后者持一种积极乐观的明快心态，看到的自然是星光万点、一片光明。

有人曾经问过一些饱受磨难的人是否总是感到痛苦和悲伤，有的人答道："不是的，倒是很快乐，甚至今天我还有时因回忆它而快乐。"为什么呢？这是因为他从心理上战胜了磨难，他从磨难中得到了生活的启示，他为此而快乐。

好的心情会给生命注入活力，使人从痛苦、贫困、难堪的处境中超拔出来。虽然，我们每一个人的人生际遇不同，但是命运对每一个人都是公平的。天上既有满天的乌云，也有满天的星星，就看你能不能磨炼一颗坚强的心。当你有一颗快乐的心，就能够看到快乐的人生。

用微笑来面对生活

生活的情调要靠自己去创造，与其苦苦抱怨现实，不如细心体会眼前实在的快乐。生活即使再苦我们也要微笑着面对生活，能以苦为乐的人，才能发现希望。

梵高在成为画家之前，曾到一个矿区当牧师。他第一次和工人一起下井，要下到地下 200 米的深处，他待在升降机中，渐渐地陷入了巨大的恐惧之中，感到心都在蹦：一切都在颤颤巍巍，铁索轧轧作响，箱板左右摇晃，所有的人都默不作声，任凭机器把他们运进一个深不见底的黑洞。这是一种进地狱般的感觉。

事后，梵高问一个神态自若的老工人："你们是否已经习惯了这一切，不会再感到恐惧了吗?"这位坐了几十年升降机的老工人答道："不，我们永远不习惯，永远感到害怕，只不过我们学会了微笑着面对这一切。"梵高听后再也不感到害怕了，他感到自己的心也在笑着面对这一口黑黑的深井。

名人这样，普通人也该一样。成功人士能够再苦也要笑一笑。而我们普通人同样能够做到面对艰苦笑一笑，苦中作乐不是自我麻痹，不是消极退却，而是"以苦为乐"来达到积极的目的。

在美国的西雅图，有一个很特殊的鱼市场，人们都说在那里买鱼简直是一种享受。

在那个市场里也免不了有鱼腥味，但是迎面而来的是鱼贩们欢快的笑声。他们面带笑容，就像是球场上合作的棒球队员，让冰冻的鱼像棒球一样，在空中飞来飞去，大家互相唱和："啊，8 条鳕鱼飞往佛罗里达去了，5 只螃蟹飞到堪萨斯喽。"这是多么和谐的生活，充满着乐趣和欢笑。

有人问一位在这里卖鱼的人："你们在这种环境下工作，为什么还能保持愉快的心情呢?"

对方回答说，事实上，几年前的这个鱼市场本来也是一个没有生气的地方，大家整天抱怨条件差，生活太苦太累。但是后来，大家认为与其每天抱怨沉重的工作，不如改变工作的品质。于是，他们不再抱怨生活本身，而是把卖鱼当成一种艺术。再后来，一个创意接着一个创意，一串笑声接着另一串笑声，他们成为鱼市场中的奇迹。

大伙练的时间长了，人人身手不凡，可以和马戏团演员相媲美。这种工作的气氛还影响了附近的上班族，他们常到这儿来和鱼贩们一起用餐，感染他们乐于工作的好心情。有不少没有办法提升工作士气的主管还专程跑到这里来询问："为什么一整天在这个充满鱼腥味的地方做苦工，你们竟然还这么快乐?"他们已经习惯了给这些不顺心的人排忧解难。

有时候，鱼贩们还会邀请顾客参加接鱼游戏，即使怕鱼腥味的人，也很乐意在热情的掌声中一试再试，意犹未尽。每个愁眉不展的人进了这个鱼市场，都会笑逐颜开地离开，手中还会提满了情不自禁买下的货，心里似乎也会悟出一些道理来。

在我们的一生中，谁都会遇到不顺心的事。个性悲观消极的人在遇到困境时，看不到光明，抱怨天地的不公，甚至破罐子破摔，在精神上倒下；而个性积极乐观的人在遇到困境时，能够泰然处之，认定活着就是一种幸福，无论是顺境还是逆境，都一样从容安静，积极寻找生活的快乐，不浪费生命的一分一秒，在黑暗之中向往光明，在精神上永远不倒。

有一位卖花的老太太，她的衣着相当破旧，身体看上去很虚弱，但脸上却满含喜悦。于是有人问她："为什么你看起来总是很高兴?"

"为什么不呢？一切都这样美好。"老太太微笑着回答。

"你很能承担生活的苦。"问者又说道。然而老太太的话又让其大吃一惊："耶稣在星期五被钉在十字架上的时候，那是世界最糟糕的一天，可三天后就是复活节了。所以，当我遇到不幸时，我总是在想，迟早有一天一切都会恢复正常的。"

面对当今越来越复杂的社会，在背负巨大心理压力的同时，我们必须面对各种艰苦的现实，能否在苦难中找到快乐的心情，就取决于我们内心是否强大。"谁也别想把黑暗放在我面前，因为太阳就生长在我心底。"这是一句挺美的歌词，也说出了快乐的真谛。

"苦中作乐是件美事。"只有从心理上战胜了苦难的人，才会得到启示，并因此而快乐。

要有直面现实的勇气

不敢面对现实的人是胆小鬼，但接受现实更需要勇气。现实中，有些事情是我们不能左右的，不过有一点是明确的，即我们在左右不了现实时，可以左右自己对待现实的态度。

国外有句名言：事情既然已经是这样，就不会成为别的样子。勇于承认事情就是这样的情况，平心静气地接受已发生的事情，是克服更多不幸的第一步。

罗琳女士在丈夫去世后与儿子安德鲁相依为命，她没有再婚，独自一人辛辛苦苦地承担起了对儿子的抚养、教育。终于，安德鲁考入了名牌大学，马上就要毕业了。在毕业前，已经被一家大公司签约录用。对于罗琳女士来说，经过了千辛万苦，美好的生活就在眼前。但是天有不测风云，就在安德鲁毕业前夕，罗琳突然接到通知，安德鲁外出时遭遇车祸，不幸去世。

谈到此事，罗琳说："听到儿子车祸身亡的消息，我感到悲痛欲绝。在此之前，我一直觉得生活是如此快乐，我有一个非常讨人喜欢的孩子，为了养育他，我不惜付出全部力量。在我眼里，他具有年轻人一切美好的品质，我感到离开了他便不能生活。无情的电报粉碎了我的希望，我觉得再不值得活下去了。我开始忽视工作，疏远朋友。我放弃了一切，对世界怨恨不已：为什么上帝要夺去我可爱的孩子？为什么这个充满希望的青年还未能开始他的人生旅程，就这样离开了人世？我根本无法接受这个事实。因为伤心过度，我不得不放弃满意的工作，远走他乡，泪水和悲伤成为我生活的全部内容。

"当我准备辞职，清理办公桌的时候，忽然从抽屉里找到一封落满灰尘的信。那是安德鲁在几年前我母亲去世时写给我的一封慰问信。信中写道：'我们会永远怀念她的，尤其您更会如此。我知道您会勇敢地面对这一残酷的事实，因为您的坚强的人生观必定会使您接受生活的挑战。我永远不会忘记您所教给我的那些美好而深刻的人生道理，不论我们相隔多么遥远，我会永远记住您的微笑。我会像一个真正的男子汉，承受生活带来的一切考验。'我把信反复读了几遍，仿佛听到安德鲁在我身边说：'您为什么不照您说过的话去做呢？坚强地活下去！不论发生什么事，您都要继续坚强地生活下去！'于是我又回到工作岗位上，我不再对世界感到愤愤不平。我不断对自己说：'事情既然已经到了这种地步，虽然没有力量改变它，可是我能够坚强地活下去。'我全心全意地投入到工作中，结交新的朋友。我不再为无可挽回的过去悲哀，而是懂得了珍惜宝贵的现在。因为我已经接受了现实，或者说接受了命运对我的安排，所以我现在的生活比以前更加充实，更加快乐。”

抱持一颗宽容的心

四川青城山有一副很有名的对联是这样写的：“事在人为，休言万般皆是命；境由心造，退后一步自然宽。”自古以来，宽厚的品德、宽容的心态为世人所称颂，心胸狭窄被认为是一种病态。

唐代狄仁杰非常看不起娄师德，但实际上娄师德并不计较这些，还推荐狄仁杰当宰相。有一次，武则天问狄仁杰说：“娄师德贤能吗?”狄仁杰回答说：“作为将领只要能够守住边疆，贤能不贤能我不知道。”武则天又说：“娄师德能够知人善任吗?”狄仁杰回答：“我曾经与他共事，没有听到他能够了解人。”武则天说：“我任用你就是娄师德推荐的。”狄仁杰出去以后非常惭愧，尽管自己经常对他嗤之以鼻，但是娄师德却仍然能以宽厚、公平的心来对待自己，他深深地感叹：“娄公德行高尚，我已经享受他德行的好处很久了。”

所谓宽容的心态就是以宽阔的胸怀和包容的心态，去面对人和事，宽容本身包含着谦逊。古人说：“满招损，谦受益。”一个人如果不能虚怀若谷，就不能有效地吸纳有益于自己自身发展的精神食粮，只有具备“海纳百川，有容乃大”的心态，我们才能学习他人的长处，弥补自己的短处，充实、拓展、成就自我。

宽容不仅是一种与人和谐相处的素质，一种时代崇尚的品德，更是吸纳他人长处充实自我价值的良好思维品质。“宰相肚里能撑船”，说的就是一个人要心胸宽广，要能容忍、原谅别人。一个人要想成功，只有多为别人着想，将心比心，设身处地，宽容别人，这样才会得到更多的人理解和支持，梦想才会更容易实现。试想一下，在谈判桌上，每一方都互不相让，无法宽容对方，都想赢得更多的利益和实惠，结果往往会造成僵持、不欢而散的局面。针对一个与你观点不一致，或者你认为是与你唱反调、不配合你的人，哪怕他是一个“作恶多端”的人，只要你对他怀有一颗宽容善待的心，加以正确引导和启发，则往往会使他“始是敌人，终是朋友”，说不定还会成为你成功道路上的知心朋友和伙伴。因为你应该明白：一味敌视别人或不能原谅别人，实际上是你自己放不下，是你自己在给自己制造烦恼，伤害了别人，同样也伤害了自己。

拥有宽容的心态无疑也是维系一个家庭和谐生存的重要砝码，法国作家泰斯在谈及家庭生活时说：“互相研究了 3 周，相爱了 3 个月，争吵了 3 年，彼此忍让了 30 年，然后轮到孩子们来重复同样的事，这就是婚姻。”如果一个家庭没有宽容，天天争斗，一个家庭无论如何也难以维持下去。

家庭如此，社会现实更是如此。世界上的人和事，各有各的妙用，任何事物都可以活用，都可以协调。俗话说：人上一百，形形色色；树林子大，什么鸟都有。彼此的和谐生活就需要彼此都拥有宽容的心态，坚持自己的个性，也承认他人的脾气。公共关系专家告诉我们：“面对千差万别的现实世界，宽容是我们现代人适应时代社会的必备素质，是我们的必然选择。对于所谓的‘异己’，在不涉及大是大非的前提下，不是打击、贬抑、排斥就是置之死地而后快，你没有那般本事，只会徒添烦恼；应当学会宽宥、包容、赞美和与其和谐相处，只要你生存在这个世上，你就没有办法逃避如何对待‘异己’的问题。”

想到能与他人相处共事是一种幸福的缘分，尽力消除自我中心的心理倾向，对世界心存感激，念及他人的优点和好处，你的宽容心的波长和别人的波长就会一致。只有通过这种心的“广播电台”，你才能和别人交换信息和意见，并化敌为友，为你的人生增添很多的朋友和伙伴。你的宽容，你的爱，这种人生感情只要肯付出给别人，终究会回报给自己。宽容别人，实际上是为了得到别人对你更多的宽容。

良好心态造就美好人生

人的一生中，难免会遇到各种各样的问题，总会遇到一些不称心的人、不如意的事。那么，应该以什么样的心态面对这一切呢？此时，如果你有快乐而又自信的好习惯，那么效果往往是出人意料的。人生充满了选择，而生活的态度就是一切。你用什么样的态度对待你的人生，生活就会以什么样的态度来对待你。你消极，生活便会暗淡；你积极向上，生活就会给你许多快乐。

怎样能够使自己变成一个真正快乐的人，可真是一门高深复杂的学问。单单叫你要快乐，叫你微笑，以及大笑是没有用的。假使你是一个很不幸的人，假使你看不见自己的前途，你对人类的善良和美好失掉信心，你觉得自己很琐碎、卑微、无聊而又堕落。你可能笑，然而你笑出来的不是快乐，至少你的笑不能使人快乐。

只有正确地对待生活，保持良好的心态才能克服以上提到的困难，从而快乐地生活。

要拥有正确的心态，还要对自己的未来负责，给自己些压力，以求发展。譬如说，有不少外地来的大学生很想留在北京深造、发展，然而中国的社会现实是对外地的学生采用“指标”的方法进行“适度控制”，对社会管理者来说，这是一种可以理解的无奈的选择，然而对外地学生来说，直接留京不行，难道你就不能采取考硕士生、博士生的方式来实现自己的“宿愿”吗？这就逼你将学问做得好好的、扎扎实实的，如果真这样，“坏事”就变成了“好事”，自己对自己的将来就会很有信心，也就在奋斗中找到了自我，找到了快乐。

敢于自嘲是心态好

心理学研究表明：人通常比较愿意谈及自己的优点、成功之处，而对缺点、失败之处却总是讳莫如深。

正因如此，生活中有了“调侃”这么一回事：几个人对某位“不幸”的同志加以“特别照顾”，就他的外形或家事或某个陈年笑话，给予狂轰滥炸式的夸张，直夸得他面红耳赤、双腿发软，最终一无是处、遍体鳞伤。他还不得不尽力装出一副轻松的模样，不得不尽力“喊”出几声其实是附和对方的狂笑。无疑，这是一个异常尴尬的处境，一种难耐的煎熬。其实，这种煎熬却是大可不必，强硬地捍卫自己的所谓“尊严”“面子”，结果必然是“偷鸡不着蚀把米”“赔了夫人又折兵”。中国有句俗语，叫“家丑不可外扬”，其实“若要人不知，除非己莫为”。美国诗人麦琨，从不忌讳谈及自己的身世，他说：“我是从婚姻外的关系出生的，我生来就是个私生子。”私生子是难听的，麦琨自显其丑，但别人并不歧视他，反而同情他。

事实上，很多名人都与众不同，别出心裁，喜欢自嘲，嘲笑自己的长相，嘲笑自己的缺点，嘲笑自己的遭遇，甚至嘲笑自己的优点。

有一次，林肯这样当众介绍自己：“有时候我觉得自己是丑陋的人。有一次，我在森林里漫步，遇见一位老妇人。老妇人说：‘你是我所见到的最丑的一个人。’我说：‘我身不由己。’老妇又说：‘不，我不以为然。因为你至少可以做到待在家里不出来。’”结果，他得到的是充满敬佩的笑声。

好莱坞影星芭芭拉·史翠珊谈到她在布鲁克林的日子时说：“我们真是穷呆了，但我们拥有许多金钱买不到的东西，譬如，未付的账单。”“我们从来不穷，也没挨过饿，只是有时会把吃饭时间无限期延后罢了。”把人们对其出身贫穷的看法都消融在幽默带来的笑声之中。

另有一位作家班奇利，在一篇文章中声称自己花了十几年的时间才发现自己没有写作的才能。结果，一位读者来信对他说：“你现在改行还来得及。”班奇利回信说：“亲爱的，来不及了，我已无法放弃写作，因为我太有名了。”后来，他还把这封信刊登在报纸上，人们为之笑了很长时间。

纵观上述事例，我们已经能大致地描绘出自嘲自讽的功能了，或者说是自嘲对为人处事的好处了。以常理论之，身处窘境，一般以理自卫，以理反击，或缄默不语。而自嘲，则一反常理，跳出习惯思维，打乱思维定式，不断变换自己的思维角度，出乎对方的意料，又能得到对方心领神会的笑声。从而阻止了于己不利的言论，摆脱窘境，变被动为主动，抢占有利地位。在实际生活中，一些人对于并无恶意的嘲笑，会发动怒不可遏的反击，其实这正是“狭隘的自尊心理束缚”所致。如果舍此而自嘲，反显得豁达和自信，同时，也封住了对方的双唇。

上述只是自嘲在“摆脱窘境”方面的功用。自嘲，在用于嘲笑自己的缺点时，还能起到减轻缺点程度的作用。

心理学认为自暴其丑在大多数情况下都能取得出色效果，因而勇于正视自己缺点错误的人，通常被别人认为是牢靠、勇敢、豪放的人。而一旦“丑”从他人嘴中说出，问题就严重了。如果故意夸大自己的缺陷，则在别人眼中它就变得无关紧要了，二者正是反向而行。

自嘲之所以具有如上功能，除了其行为本身的违反常理而出人意料之外，还有一点很重要，那就是：幽默的力量。

幽默是高级的笑话。卓别林所塑造的流浪汉，尽管充满了这样那样的缺陷，然而观众对他只有报以笑声和同情，幽默让观众原谅了他的不足。我们如果能与别人笑谈自己的失误，则不仅会给别人带来愉快和轻松，同时也能治愈失误引起的痛苦。自尊不是源自于对缺陷的“庇护”，而是源自于对缺陷的“攻击”。

当然，自嘲也需讲究适时、适地，而且嘲讽的对象也应有所选择。因为有些缺点就是应该“秘而不宣”的，否则，对你的名誉、事业、婚姻、家庭都会产生致命的打击。

自嘲自讽，正是要抢先给自己一个机会，而让他人没有机会，“攻击自己”就是对“他人的攻击”的最好防守。学会自嘲，你便拥有了一份快乐的心态。

学会放松自己的心情

生活在现代大都市里，尤其是现在随着竞争的加剧和生活节奏的飞速提高，使得我们不得不适应这一大趋势。于是，紧张的工作、沉重的社会压力，加上时间的宝贵、人与人之间关系的逐渐冷淡，人们在社会上真正的心灵沟通越来越少，老年人与青年人之间的代沟也越来越大。于是，我们当中的很多人便觉得生活很累，觉得生活似乎已失去了活着的目的而显得有些苍白和暗淡，以致怨声载道。其实，我们对“累”可以进行具体的分析。

一种累，的确是工作太忙，休息的时间太少，以致身心疲惫，而感到很累。这种累其实只需要好好休息休息，减少一点工作时间，多进行点娱乐活动和社交活动，便会觉得很轻松，只要松懈下来，便不会觉得很累。笔者有一位朋友在三资企业工作，他的情况即是基本如此，因为三资企业的加班费比较高，所以他就连星期天也投入了进去，这样超负荷的工作使他面目憔悴，回到家后又得不到妻子的理解。于是，他总觉得活得很累很累。直到有一天，公司里组织到外地旅游，他被同事勉强说服报了名。在旅游的途中，他不仅得到了充分的休息而且大大激发了他对娱乐活动的兴趣，回京后，就学会了适当放松和休息，结果不但工作效率提高了，生活也变得轻松愉快！

另一种累，完全是心理上的累。这种人本来很乐观、豁达，对人非常热情，为人诚实、周到，办事非常认真，但稍有点过失就有点过意不去。这种典型的完美主义者，似乎也是理想主义者，为了使每件事近乎完美，他必须要比别人付出得更多，这样下去当然要比别人累。但这还不是真正的原因，这种人往往对某种东西特别在乎，他感觉付出了很多，当然要求有所回报，这样他的期望值就比较高。而一旦事不顺心，他的内心在期望与实际情况之强大反差下，会感到一种失落，正因如此，他才觉得很累。

其实，我们每个人都希望而且也很在乎别人的回报。我们不可能一味地给予别人而不求回报，这样会引起我们心理上的极大不平衡而觉得很累。人总是带有某种期望的，这是无可厚非的，但问题是人的期望越大，其失望也就越大，如果我们不会善待自己、保护自己，那么我们将生活得很累很累。那么究竟怎样才能善待自己呢？

首先要顺其自然，不苛求自己，不给自己故意制造压力。老子曰：“道法自然。”世间惟自然为正道，一件事，我们按它本来的规律去做而不扭曲它的本来面目，这样我们岂不得到一种和谐而安宁的心境？特别是那种比较热情的人，更应该冷静思索一下，自己的热情是否有点过分？过分的热情会使人觉得很不自然，甚至有时候让人觉得很尴尬，这样岂不给双方都造成了心理负担？

其次，应多留给自己点空间。人活着是为了什么呢？是为了父母？为了子女？为了朋友？都不是，是为了自己的存在而活着的。既然出生和存在是我们所无法选择的，那么我们就应该好好善待自己，多留一点空间给自己。我们可以给自己更多的时间去休息、娱乐、社交，使自己的身心得到健康而全面的发展。我们可以给自己更多的时间去独立思考、独立生活、独立体验自己的存在，而不是将更多的时间投入到繁琐的家务事情中，也不是将自己独立的个性依附在别人的肩膀上。

以宽人之心宽己。有时候，我们学会了如何宽容别人，却忘了如何宽容自己。毕竟，我们自己也非圣贤，我们也会像小孩一样犯下很多可笑的错误，这时对我们来说，就是要宽容自己，不要残忍地对待自己，知错能改，我们还会有机会。

总之，善待自己，使自己成为最好的，有重大的意义。我们除了学会宽容别人、成全别人之外，还要学会成全自己、宽容自己，给自己更多的时间和空间，来不断发展和完善自己。这样，你才会生活得更加充实和幸福。

做人当立天地间

ZUOREN DANG LI TIANDIJIAN

视死如归的史可法

孔子说："三军可夺帅也，匹夫不可夺志也。"为人处世就应当有这种正气凛然的气概。文天祥所说的"天地有正气，杂然赋流形。下则为河岳，上则为日星。于人曰浩然，沛乎塞苍冥"就是这个意思。

史可法是一位著名的抗清将领，他在明朝末年清军大举入侵之际，率领扬州军民奋起抵抗，城破被俘，壮烈殉国。直到今天，扬州一带还流传着许多关于史可法抗清的故事。

1644 年，明朝镇守山海关的总兵吴三桂投降了清朝。他带领清军进入山海关，占领了北京，许多明朝大臣都到街上排队迎接清军。一些没有投降的人逃到南京，拥戴一个叫朱由崧的皇亲做皇帝，建立起南明政权。南明大臣中，史可法的威望最高，朱由崧就任命他为兵部尚书，派他镇守扬州，抵抗清军。

史可法一心想打退清军，恢复大明江山。他到扬州以后，与士兵同甘共苦。士兵没吃饱，他决不先吃饭，士兵没添衣，他也决不先多加一件衣服。

他教育士兵要提高警惕，防备敌人来偷袭。他自己也以身作则，整天住在军营里不回家，甚至连夜里睡觉也不脱铠甲。他还设立了礼贤馆，专门接待从四面八方来投奔的人士。可是那时候在南明政府里，像史可法这样忠心为国的人太少了，大多数人都是整天花天酒地地享乐，谁也不去考虑国家的命运，史可法的心血都白费了。

1645 年，清豫王多铎统率大军渡过黄河，向南明大举进攻。史可法得到报告，立刻发出告急文书，要各地派兵救援扬州，可是左等右等，也没见到一个援兵的影子，他只好横下一条心，决定死守扬州。

不久，清军到了扬州城下。多铎打听到守城的主将是史可法，就写了一封劝降信，让明朝降将李遇春拿着去见史可法。可是李遇春还没走到城墙跟前，就被城上一阵乱箭给射回来了。多铎以为李遇春没把话说明白，又派了一个使者去劝降。史可法叫人把那个使者绑起来，扔到了护城河里。后来多铎又一连给史可法写了五封劝降信，史可法连信封都没拆开，就给烧了。

多铎气坏了，立刻指挥大军，把扬州城里三层外三层包围起来。史可法知道一场残酷的大战就要开始了。他把全体将士集合起来，说："扬州是南京唯一的屏障，如果扬州失守，南京就很难保住，我决心死守扬州。"他从坚守扬州的重要性说到国家面临的危急形势，从国家的危急形势说到古代仁人志士为国家前赴后继慷慨捐躯的动人事迹，说到激动时，忍不住放声大哭，哭得连血都从眼睛里流出来，把身上的战袍染红了。将士们没有不感动的，都举着兵器说："史大人放心，我们愿与扬州共存亡!"

第二天，清军开始发动进攻。多铎专门调来红衣大炮，对着城墙猛轰，把城墙打破了好几处。史可法指挥扬州军民，英勇抵抗，用沙袋堵住城墙缺口，一直激战到晚上，才把清军打退。

史可法知道扬州迟早要被打破，就对几个心腹将士说："我已经下了决心，扬州被攻破之日，就是我史可法杀身报国之时，哪一位将军愿意到时候助我一臂之力?"将士们都拿袖子擦眼睛，难过得说不出话来。末了有一个叫史德威的副将说："末将愿助大人一臂之力。"史可法听了非常高兴，就说："我没有儿女，从今以后，你就是我的义子。"

清军一连攻了三天，都没有攻下扬州。到了第四天，多铎又调来许多红衣大炮，集中轰击扬州城的西北角，把城墙轰塌了，大批清军就从这个口子蝗虫一般地拥进城里。扬州城终于失守了。

史可法见城已被攻破，立刻拔出宝剑要自杀，身边的几个将士扑上去抱住他的胳膊，不让他下手，急得他放声大喊："德威在哪里？快来帮我一把！"

史德威在一旁直淌眼泪，怎么也下不了手。将士们就保护着史可法往外冲，没想到正好遇到一大队清军人马，所有的将士都战死了。有的清兵还想拿刀往没有断气的明军将士身上砍，史可法大喊一声："住手！我是史可法！"

他的两眼射出两道光芒，把清军们都吓了一大跳。他们立刻围住他，带他去见多铎。

多铎说："史先生，我过去给你写了许多信，你都没有回音，现在你落到我的手里，是不是可以回心转意了呢？"史可法瞪着眼睛说："我身为大明的臣子，决不会贪生怕死，干背叛国家的事情，你要杀就杀，不用废话。"

多铎很钦佩史可法的忠肝义胆，又说："你对明朝已经尽了忠心，我们大清也很敬佩先生的为人，只要你归顺我们……"没等他把话说完，史可法就斩钉截铁地说道："我早已决心同扬州共存亡，今天扬州既然已经被你们攻破了，我只求一死，决不会投降你们。"多铎叹了口气，说："可惜明朝像你这样的忠臣太少了，今天我就成全你的心愿吧。"

史可法就这样被清军杀害了。

史可法死后不久，史德威悄悄回到扬州寻找他的遗体。可是扬州城经过清军大屠杀，大街小巷横七竖八的全是死人，加上天气炎热，许多尸体已经腐烂得辨认不出面目来。史德威怎么也找不到史可法的遗体，只好把史可法生前穿过的袍子和用过的朝板带回去，埋葬在扬州城外的梅花岭上，这就是扬州城外有名的史可法衣冠冢。直到今天，人们还经常怀着景仰的心情，到这里来凭吊、追悼这位三百年前至死不屈的英雄。

"强项令"千古留名

东汉的董宣，为人耿直，刚直不阿，执法如山，凡事以理为先，不管其人是谁，真有股"惟将直气折王侯"的气概。

西汉末年和王莽时代的残暴统治，在人民起义的浪潮中被推翻了。汉光武帝建立东汉王朝以后，吸取西汉政权和王莽统治被推翻的教训，统一全国后，采取了一些措施，与民休息，恢复社会生产，先后九次发布关于释放奴婢和禁止残害奴婢的命令，并多次下诏减轻人民的租税和徭役，还大赦天下，兴修水利，裁撤冗员等，这些措施有利于社会秩序的安定，缓和了社会矛盾，有利于社会经济的恢复和发展，史称"光武中兴"。

汉光武帝刘秀颁布了许多法令，以维护和巩固自己的统治，但这些法令仅仅对老百姓有用，对皇亲国戚就没那么有用了。光武帝的大姐姐湖阳公主，就仗着兄弟做皇帝，骄横异常，随心所欲，目无法纪；甚至她家的奴仆也不把朝廷的法令放在眼里，为非作歹，胡作非为。周围的人和许多官员都怕她，小心翼翼地去逢迎她，巴结她。

那时候，有一个洛阳令，名叫董宣，生性刚直，对皇亲国戚的骄横不法非常不满，他认为皇亲国戚犯法，应当同百姓一样治罪，而不能有什么特殊。他虽然官职不大，但刚直不阿，宁死不向权贵屈服让步。

董宣，字少平，陈留（郡名，治所在陈留，今河南开封市东南）圉（今河南杞县南）人，出身微贱。最初被司徒侯霸征辟，专门负责评定一些地方官吏们统治政绩和优劣。这期间他工作努力，不徇私情，受到上级主管的好评，于是被任命为北海相。他所管辖的这个地区，有些豪强地主鱼肉乡民，欺压百姓，残害无辜，无恶不作。他决心改变这种混乱局面，使当地人安居乐业。

当地有个很有权势的豪富大户，名叫公孙丹，是一个武官。此人一贯作威作福，当地人迫于他的地位和权势，都敢怒不敢言。公孙丹花了很大一笔钱，建造了一座相当豪华的住宅。但有位风水先生说，这座深宅大院，没福气的人住不得；有福气的人住进去，也得先死一个。但又说，有办法补救。当时迷信认为，可以先找一个替身冲掉那股丧气。目无法纪、残忍歹毒的公孙丹当下就叫他儿子杀死一个过路人，把尸首抬进新屋，以免自家人遭殃。

董宣得知这件事后，很是生气，立即派人将公孙丹父子捉拿归案，详加审问，依法判处公孙丹父子死刑，为无辜的死者伸冤报仇。当地老百姓拍手称快，都认为董宣为他们做了一件大好事。但公孙丹乃一方豪强恶霸，家丁众多，当下他们亲戚、家丁、死党带着30多人，手执兵器利斧直奔相府前鼓噪威胁。董宣毫不畏惧，率府兵击退了他们。后他又查出这帮家伙曾参与王莽阴谋篡权活动，并与海盗勾结为非作歹，杀人越货，便毫不犹豫地命令部下水丘岑将他们逮捕法办，一并杀之，以绝祸患。

可是董宣的上司青州太守不问青红皂白，以滥杀无辜的罪名将董宣、水丘岑等判成死罪。董宣更加气愤，在其上司面前丝毫也不示弱，据理痛斥。临刑前，执刑官让他饱餐一顿，董宣厉声说："董宣生平未曾食人之食，况死乎！"毫不畏惧，上车而去。一同斩首的有9人，刚轮到他时，正好光武帝刘秀派专使来了解这件事的经过，便命令把董宣带回牢狱。在狱中，董宣义正辞严地向特使陈说了事情的真相，以铁的事实驳斥了对他的诬蔑，并且大义凛然地说："公孙丹的案子是我办的，水丘岑只不过是执行我的命令而已，他没有责任，要杀就杀我吧。"光武帝知道后，很受感动，觉得董宣是个难得的人才，便赦免了董宣和水丘岑，并将董宣调到京都洛阳，任洛阳令。

皇城脚下，为官哪能轻松。董宣到任后不久，便遇到了一件更为棘手的案子：原来，湖阳公主有个管家，一贯狗仗人势，横行霸道，这一次竟敢在光天化日之下无故杀人，这还了得！当下吩咐部下去抓。可是这家伙却躲在公主府里不出来，而洛阳令只不过一个小小的官职，哪能擅自进入侯门，更不用说要进去抓人了。董宣平时就听说过湖阳公主的厉害，知道事情很难办，但董宣决不罢休，等待时机，一定要为死者申张正义。董宣也着实费了不少心思，叫人整天守在公主府门口，并派人打探公主的行踪。终于，机会来了。一天，董宣得知湖阳公主要出游，而且那个杀人凶手也跟着出来，于是早早地等候在路上。果然，远处一簇仪仗车马奔夏口亭而来，很是排场威风，原来是湖阳公主乘车来了，那个家奴也坐在车上。等公主的车马一到，董宣便仗着剑，跑上前去，拦住马头，并且以刀画地。湖阳公主见停了车，便询问出了什么事，驭者说是洛阳令董宣拦阻马车。湖阳公主见一个小小的县令敢拦她的车驾，怒问道："大胆董宣，为何阻拦我的车驾？你知道你犯了什么罪吗？"董宣闻言，气不打一处来，当着公主的面，说她的管家犯了杀人死罪，现在就得逮捕依法惩办，并厉数公主庇护杀人凶手的罪行。公主大怒，不仅拒绝交出她那个管家，反而责骂董宣无礼。董宣责备公主不该放纵家奴杀人犯法，并且大声呵叱那个杀人凶手，骂毕，喝令那个管家下车，当场依法处决。周围围观的人很多，都感到董宣为百姓出了口冤气。

湖阳公主哪里受过这般气，小小县令竟敢当着自己的面处死自己的家奴，真是又羞又气又急又恼，急忙命令驭者驾车径直朝皇宫奔去，向自家兄弟光武帝告御状。很快便赶到皇宫里，湖阳公主便向光武帝哭诉董宣如何欺负她，牙齿咬得"格格"直响，恨不能一口咬死董宣，以泄心头之气。光武帝一听董宣这样不讲情面，把自己姐姐气成这样，大怒，立即下诏令董宣上殿面圣，要把董宣当着姐姐的面"笞杀之"，就是用竹板条打死董宣。

董宣知道自己闯了大祸，但他并没有被吓倒，上得殿来，镇定自如，从容地走到光武帝面前，说："陛下要打死我，我毫无怨言，不过临死前要让我把话说清楚，这样我死也瞑目！"光武帝仍在气头上，怒气冲冲地说："大胆狂徒，竟敢对公主这般无礼，你有什么说的，快说！"董宣慷慨激昂地说："陛下向来以德为本，圣德贤明，励精图治，使汉室得以中兴。可是公主纵容家奴随便杀害平民百姓，百姓不满，天理难容！如此无视国法，而陛下却千方百计予以包庇，这不是纵容犯罪吗？陛下将凭什么治理天下呢？我忠心为国为民，没有罪过，不能受刑，请陛下允许我自杀！"说完便昂头向盘龙柱碰去，顿时鲜血四溅，董宣血污满面。

光武帝刘秀没想到董宣这样刚直，急忙叫太监把董宣抱住。细想董宣的一番话，觉得自己处理不当，不应当责怪董宣这样忠心耿耿的官员。沉吟半晌，想赦免董宣，但又感到有损皇姐的面子。于是叫董宣向湖阳公主叩头道歉，双方体面地了结此事，便说："我念你一腔正气，饶你一死，还不快快向公主谢罪？"并用眼光向董宣暗示，可是董宣是个威武不屈的硬汉子，坚决不肯向公主叩头谢罪。光武帝左右为难，只好命令两个太监将董宣按倒，强使他叩头，求公主开恩。可是董宣说什么也不愿叩头，用双手死死地撑着地，挺着脖子，不肯低头，其势恰如卧虎。后来京都百姓称他为京都"卧虎"，因而董宣也叫"卧虎令"。

湖阳公主见董宣如此倔强，而自家兄弟气也消了大半，更加觉得自己丢了面子，就用话来刺激光武帝说："文叔（光武帝刘秀的字），当初你是平民百姓时，就敢隐匿和庇护犯死罪的人，官吏谁敢进家门抓人。现在你当皇帝可好，贵为天子，难道就制服不了一个小小的洛阳令？"光武帝已经被董宣这种刚直不阿的倔强劲头打动了，听了姐姐的一番话，不仅没有发火，反而哈哈大笑，说道："皇姐，你有所不知，我现在当皇帝与过去做百姓时可不同了。那时隐藏犯人，是出于义愤。现在我做了皇帝，就得带头依法办事，还请皇姐多多包涵。"那两个太监也知道光武帝缓和下来了，并不想把董宣治罪，可又得给三方一个台阶下，便大声说："陛下，董宣的脖子太硬，摁不下去。"光武帝听了，也只能对湖阳公主笑笑而已，下令"把这个硬脖子的洛阳令撵出去！"湖阳公主见这情形，也只得作罢。

光武帝十分欣赏董宣的忠贞刚直，就给他一个封号，叫做"强项令"，意思是脖子很硬的县令。同时，赏他 30 万钱，奖励他的刚直。董宣回府后，把这笔钱又分给了他手下办案的人。

从此，董宣更加大胆地执法，敢于同豪强地主、皇亲国戚的不法行为作斗争。地主豪强，"莫不震栗"，京师号之为"卧虎"，有歌谣赞曰："抱鼓不鸣董少平。"

收复台湾的郑成功

在我国东南，同福建省隔海相望，有一座美丽富饶的宝岛，就是台湾岛。说到台湾岛，我们不应该忘记300多年前，从荷兰殖民者手中收复宝岛的英雄——郑成功。

郑成功是明朝末年人，他的父亲郑芝龙是驻守福建的一位将军。清朝军队入关以后，郑芝龙在福州拥立了一个南明政权，可是他并不是真正要抵抗清军的入侵，而是拿这个南明傀儡政权当作本钱，来和清朝政府讨价还价，以便从他们手里得到高官厚禄。郑成功听说父亲同清军暗地里已经有了来往，流着泪劝他说："自古以来，投降叛变的人没有不遭到后人唾骂的，这种不忠不义的事情咱们可不能干。现在清军虽说已经占领了明朝一大半疆土，可是广东、福建还在明军手里，只要您带头举起抗清复明的旗帜，天下豪杰一定会起来响应，大明复兴也就大有希望。"

郑芝龙根本听不进去，末了他还是投降了清朝。郑成功的母亲不愿跟着丈夫降清，就自杀了。

郑成功听到这个消息，心里又气愤又悲痛。他来到家乡的孔庙，摘掉头上戴的方巾，脱掉身上穿的长袍，把它们堆放在一块儿，放一把火烧了，然后对着孔子的塑像说道："等我击败清军，再来读书吧！"

他变卖了全部家产，组织起一支义军，就同清军打起来，一连攻破了好几个州县。清朝的顺治皇帝听说以后，写了一封招降信，派一位特使带着到南方去见郑成功。那个使者到了郑成功的兵营，郑成功身穿铠甲，腰挎宝剑接见他。使者说："按我们大清朝的规矩，你必须剃光头发，结上发辫，然后才能看皇上的信。"郑成功哈哈大笑，说："我是大明朝的臣子，我们大明朝可从来没有剃发结辫的规矩。"那个使者碰了一鼻子灰，垂头丧气地回去了。

郑成功率领义军同清朝军队战斗了好几年，他把基地设在厦门和金门两个海岛上，清军拿义军没办法。后来，清军想出个封锁海疆的办法，他们命令福建沿海居民往内地迁移30里，不准出海做买卖，更不准给郑成功送信。

郑成功没有大陆老百姓的支援，果然遇到了极大的困难，军用物资越来越少，想反攻清军就不容易了。郑成功为这个很发愁，他想来想去，最后决定把反清基地迁到台湾岛去。

台湾自古以来就是中国的领土。1624 年，荷兰殖民者出兵占领了这里。他们听说郑成功打算收复台湾，非常害怕，就派了一个叫何廷斌的翻译来同郑成功谈条件。没想到何廷斌也是一个具有爱国思想的人，他见到郑成功，就劝他说："台湾土地肥沃，物产丰富，海路四通八达，既可以通商筹集军费，又可以隔海抗拒清军，您要是想建立功业，恢复大明，没有比台湾更合适的根据地了。"郑成功说："我早有这个打算，就是摸不清红毛鬼子（指荷兰人）的底细。"

何廷斌说："这些您不用担心，我都为您准备好了。"说着，就掏出事先绘制好的一份地图，交给郑成功。郑成功接过来一看，台湾岛的山川地形和荷兰人的兵力部署都清清楚楚地画在上面，他感激地对何廷斌说："等我收复了台湾，你就是第一个大功臣。"

1661 年，郑成功统率 2.5 万大军，乘坐 350 艘战船，从厦门浩浩荡荡地出发。那时候，从外海进入台湾有两条路，一条走大港，是大路，荷兰人防守得很严密；还有一条路走鹿耳门，是小路，小路水道狭窄，暗礁很多，荷兰人没有在那里设防。郑成功早就把这些情况了解得一清二楚。在一个涨潮的夜晚，郑成功率领大队人马，通过鹿耳门，神不知鬼不觉地登上了台湾岛。等到荷兰人发现，郑成功的大军早已经把荷兰殖民者在台湾的统治中心——台湾城包围得严严实实了。

荷兰总督揆一没有办法，就派代表去同郑成功谈判，请郑成功退兵，说他们愿意年年向郑成功进贡，并送 10 万两白银，作为这次退兵的费用。郑成功义正词严地说："回去告诉你们的总督，台湾自古就是中国的领土，你们要是自动撤出去，一切都好说，今后两家还可以照旧做生意，不然的话，只有兵刃相见。"

揆一不愿意轻易放弃台湾这块肥沃的土地，他一边命令士兵们死守台湾城，一边叫海上的荷兰军队快来援救。郑成功派出 60 艘大型战船包围了荷兰战船，开炮射击，又派出一些装满火药和引火物的小船，由士兵们划到敌船跟前，然后用铁链扣住敌船的船帮，点着引火物，划船的人再跳到海里游回来。一会儿工夫，只听"轰隆隆"一阵巨响，火光冲天，敌人的好几艘战船都爆炸沉没了。其余的敌船不敢再战，掉回头全跑了。

郑成功打败了荷兰人的海上援军，又回过头来打台湾城。揆一在城上安放了20尊大炮，打算死守。郑成功也不硬攻，叫士兵在台湾城外筑起一道围墙，把荷兰殖民军围困在里面，切断了城里的水源和同外面的联系。荷兰殖民者在台湾城里被困了8个月，粮食吃光了，水也喝光了，士兵们战死饿死了一大半，剩下的一些人也都精疲力尽，连枪都拿不起来了。揆一走投无路，只好在城上挂出白旗，向郑成功投降。1662年2月1日，荷兰殖民者正式在投降书上签了字。又过了几天，他们在中国军队的监视下，灰溜溜地撤离了台湾。被荷兰殖民者霸占了38年的台湾岛，终于又回到祖国的怀抱。

郑成功收复台湾以后，设置了官府，委派官员管理各地。他派人给当地的高山族农民送去耕牛和农具，向他们传授先进的耕作技术。郑成功还让军队也参加开荒种地，直到今天，台湾岛有的地方还叫前镇庄、中营庄，那就是郑成功军队屯田住过的地方。

郑成功在收复台湾几个月后不幸病故了，但是人们没有忘记这位为保卫国家主权和领土完整而作出巨大贡献的爱国英雄。为了纪念他，台湾人民专门为他修建了开山王庙，尊他为开台圣王，每年都带着供品到庙里去烧香祭祀，以此来表达对郑成功的怀念之情。

战死疆场的总司令

1940年4月，日军集中30万兵力向湖北的随县、枣阳地区进犯。此时张自忠已担任第三十三集团军总司令兼第五战区右翼兵团司令，率部驻守襄河西岸。面对敌强我弱的严峻形势，张自忠抱定为国牺牲之决心。5月1日，他亲笔谕告所部各将领："看最近之情况，敌人或要再来碰一下钉子，只要敌来犯，兄即到河东与弟等共同去牺牲。国家到了如此地步，除我等为其死，毫无其他办法。更相信，只要我等能本此决心，我们国家及五千年历史之民族，决不至于亡于区区三岛倭寇之手。为国家民族死之决心，海不枯，石不烂，决不半点改变。愿与诸弟共勉之。"

经过第五战区官兵英勇奋战，日军向南撤退。为了重创敌人，张自忠部奉命出兵截击敌人。张自忠作为集团军总司令，本可不必亲自率领部队出兵作战，但他不顾众人的劝阻，决定由副总司令冯治安负责襄河西岸的防务，自己率总司令部直属特务营和2个团于5月7日渡过襄河，会同东岸的第五十九军3个师向枣阳进发。

从5月8日与敌交火后，张自忠率领部队几乎天天都在与日军作战。战至15日，张自忠身边只有2000余人了，而敌人又以万余人的兵力猛攻。张自忠等饥疲交加，一面嚼着豆子，一面与数倍于己的日军作战。他虽严令援兵速赴前线参战，无奈路途遥远，难有成效。当天，张自忠接到第五战区司令长官部命令，要他率部向钟祥敌后攻击。张自忠当即率疲惫之师出发，沿途每经一村庄都与敌发生一场战斗。

5月16日晨，部队开抵南瓜店附近，日军大队人马前来围攻。张自忠令骑兵从左翼出击，绕袭敌后，随即，亲自带领手枪营一连卫兵前往杏儿山督战。杏儿山守军见到总司令，兴奋异常，更加奋勇作战。中午，张自忠前臂负伤，他让人包了下伤口，仍沉着指挥作战。午后，敌人的攻势更猛，副官劝张自忠往东北的山脚下转移，他坚决不肯，说："我奉命截击敌人，决不能叫敌人给打退了。"危急关头，张自忠把自己的卫队全部调上前沿增援。下午2点，指挥部周围的阵地已全被敌人占领。突然，张自忠一跃而起，向敌人阵地猛冲，不幸，腹部连中5弹，向前扑倒在地。他挣扎着想站起来，但晃了晃，又倒下去。他强忍疼痛，从口袋里掏出纸笔，向战区司令长官部写了最后一次报告。

张自忠将写好的报告交给正在为他裹伤的副官马孝堂，握着他的手，含笑对他说："我对国家、对民族、对长官，良心都安了。"说完，用力把马孝堂推下山坡，躲开了冲上来的日军。

几个日本兵冲上山坡，端着枪，直逼倒在地上的张自忠。猛然间，张自忠抓住日本兵的枪头，一跃站了起来，可是，身后的日兵却举起了罪恶的刺刀……

日军占领了山头，一名少佐来到张自忠的遗体前，看了看张的肩章，伸手抽出了张的钢笔，见上面刻有"张自忠"三个字，不禁倒退了几步。

他仔细地端详着这位满脸血泥的汉子，“啪”地一个立正，恭恭敬敬地对着张自忠的遗体行了个军礼。接着叫人找来担架，将遗体抬下山，放进一座土庙里，又在张自忠倒下的地方，竖了块木牌，上写“支那大将军张自忠”几个字。

第五战区及国民政府得知张自忠殉国，立刻严令战区右翼部队不惜代价夺回尸体。右翼各部即与日军展开夺尸战斗，经两昼夜激战，终于在方家集夺得遗骸。

忠骸夺回之后，暂放宜城祭悼3天，尔后经宜昌转运重庆。一路上，成千上万的人们路祭英灵，甚至冒着日军的空袭举行公祭。5月28日，灵柩运抵重庆。蒋介石亲率文武百官接灵，随后举行了隆重的国葬，将忠骸葬于北碚梅花山，冯玉祥亲书墓碑。

张自忠虽然牺牲了，但他仍然活在部下的心里。他们悲愤地高唱着复仇之歌：“海有枯，石有烂，死也忘不了南瓜店！”三十三集团军士兵手册上写道：“是谁杀了总司令？此仇不报不是人！”深切的怀念和强烈的仇恨交织为杀敌的力量。1941年1月，张自忠旧部在当阳地区奋力出击，将枣宜战役中率军围攻张总司令的魁首横山武秀少将击毙，为张自忠报了仇。

作为一位民族英雄，张自忠不仅为旧部官兵所怀念，更为全国人民所敬仰。全国许多省市先后举行追悼和公祭仪式，并以“自忠”命名中小学校、图书馆、轮船等，一些城市命名了“张自忠路”。湖北境内修建了张自忠殉国纪念碑、衣冠冢、张公祠，命名了“自忠县”“荩忱渠”，筹办了“自忠日报”。

张自忠将军为着中华民族的尊严，抱定必死决心，奋勇杀敌，取义成仁，成为中华民族史上的一代英雄，正如周恩来所说的：“张上将是一方面的统帅，他的殉国，影响之大，决非他人可比。……其忠义之志，壮烈之气，直可以为我国抗战军人之魂！”

宁折不弯的苏武

汉朝的时候，北方匈奴经常骚扰边境地区。经过几次大的反攻，匈奴被打败了。但匈奴的野心不死，为保存实力，匈奴单于几次派使者去汉朝求和，还把以前扣留的汉朝使者放了回来。汉武帝很高兴，便派苏武带了大批礼物出使匈奴，副特使是张胜，还有随员常惠等100多人。

临行前，汉武帝亲手交给苏武一根“使节”（使节是一根约2.33~2.66米长的棍子，顶部挂着一串毛做的绒球，是用来表示使者的身份）。他们晓行夜宿，历尽千辛万苦，到达了匈奴，圆满地完成了任务。谁料就在即将返回之际，却发生了一件意外的事情。匈奴内部发生政变，因此，苏武、张胜，还有随员常惠等被关押了起来。

单于为了降服苏武，命令汉朝的叛徒卫律审问苏武。苏武一见卫律这个叛徒，怒不可遏，痛斥其丑恶嘴脸，他坚定地说：“我是汉朝的使者，如果丧失了气节，使国家受到耻辱，活下去还有什么脸面去见人呢?”说着，他拔出佩刀朝自己身上猛刺。顿时，血流如注，昏倒在地。卫律大吃一惊，如果苏武这样死去，他怎么向单于交差呢？于是立即召来医生医治苏武，又把实情向单于做了汇报。

单于听到苏武这样坚定，更加希望苏武投降了。他又想出了更阴险、更毒辣的办法。他叫人把苏武关在一个大地窖里，不给吃的、喝的，想用寒冷和饥饿来迫使苏武屈服。不久，又把他流放到北海（即今贝加尔湖）边放羊，并对他说：“等公羊生了小羊，再送你回汉朝去。”公羊怎么能生小羊呢？他的意思是苏武不投降，就不用想回汉朝了。

北海一无房子，二无粮食，环境十分艰苦。苏武饿得没有办法的时候，就掘开野鼠洞，拿洞里的草籽来充饥。他一面牧羊，一面天天抚弄着汉武帝亲手交给他的“使节”，相信总会有那么一天，自己能够拿着“使节”，回到汉朝。日子久了，“使节”上的绒毛逐渐脱落了，成了一根光秃秃的棍子。但苏武一直将它握在手里，连睡觉的时候，也紧紧地抱在胸前。

一次大雪过后，苏武拿着“使节”正在牧羊，忽然来了一个年轻的匈奴官员，带着随员，拿着羊肉美酒。苏武定睛一看，原来是汉朝投降匈奴的将军李陵，他俩曾经很要好。苏武出使匈奴的第二年，李陵受到匈奴的围困，投降了匈奴。单于知道他是苏武的好朋友，便叫他去劝苏武投降。

李陵摆出酒食，与苏武边吃边谈。李陵诚恳地对苏武说：“你走后，伯母大人死了，你的哥哥因犯了罪服毒自杀了，你的妻子也改了嫁。你受了这么大的折磨，不如投降算了，我们兄弟俩可以在此共事合作。我可以在单于面前保你有大官做。”

听了李陵的话，苏武斩钉截铁地说：“我是汉人，我不能背叛汉朝庭，就是把刀搁在我的脖子上，我也是这句话。如果你硬逼着我投降匈奴，我就死在这里……”说罢，就要拔刀自刎。

李陵只好连忙抱住他，流着眼泪说：“唉，你真是一位正气的人啊，相比之下，我和卫律罪该万死啊！”说完，他痛哭流涕地离开了那里。从此以后，再没有人来劝降苏武。苏武继续独自一人在北海牧羊，过着非人的生活。这样时间过了 19 年。

后来，匈奴内部又发生了内乱，没有力量再跟汉朝打仗，又不得不派使者去汉朝求和。此时，汉朝汉昭帝已经即位，他也派使者到匈奴去，要单于把苏武放回汉朝。

苏武出使时，不过 40 岁，回汉朝时，头发、胡须全白了。他受到了长安城老百姓的热烈迎接，人们将永远颂扬他刚直不阿、北海牧羊的事迹。

刚正不阿的海瑞

中国著名的历史学家吴晗先生，曾写过一部剧本《海瑞罢官》。其他戏剧、小说和历史传记里，也有许多歌颂海瑞的故事。海瑞刚正不阿、为官清廉、执法严明、为民除害等事迹，几乎家喻户晓，妇孺皆知。400 多年前的一个历史人物，为什么会名垂青史，受到人们的如此尊敬与怀念呢？

明正德九年（1514 年），海瑞出生于广东琼山（今海南琼山）一户贫苦农家，嘉靖二十八年（1549 年）考中举人，步入仕途生涯。那时，皇帝不问政事，腐朽糜烂，宦官独揽大权，胡作非为，整个官场贪污腐败，一片黑暗，社会千疮百孔，百姓怨声载道。这一切，使海瑞焦虑万分。他决心尽自己的力量改革弊政，为民除害，做一个清官。

最初，海瑞任福建延平府南平县（今福建南平）教谕。“教谕”实际上就是学校的教官，无权无势，严格说来算不上官。一天，知府大人来学校游逛，顺便把教谕们召集起来，想抖抖威风。那些教谕见到知府大人，连忙跪拜在地，唯独海瑞“挺立其中”，不行礼，更不磕头。知府自然很不高兴，冷言道：“哪里来了个山字笔架?”海瑞不屑一顾地回答：“学堂是教谕教士的地方，不是官府磕头的衙门。”知府大人瞠目结舌又无可奈何，只得灰溜溜地走了。

海瑞恨透了贪官污吏，不论多大的官，只要为非作歹，他都是大胆揭露。他任浙江淳安（今浙江淳安）知县期间，就曾顶撞过主管八省盐政的巡盐都御史鄢懋（mào）卿。鄢懋卿是个有名的大贪官，他打着巡察盐政的幌子，到处吃喝玩乐，营私纳贿，贪赃枉法。地方官员都把他的到来视为灾星降临，可又不敢不接待。海瑞听说他要来淳安，立即给他写了一封措辞尖锐的信，信上说：“淳安地方太小，也很穷，供奉不起你这样的‘大人物’。淳安不欢迎你来，请你改道而行吧!”鄢懋卿看着海瑞的信，气得手脚发抖，只得打道回府了。没多久，海瑞被降职调往兴国（今江西兴国）。

其实，海瑞不仅敢于冒犯官高几级的御史，就连“真龙天子”，海瑞也敢仗义执言，无所畏惧。

嘉靖四十三年（1564 年），海瑞奋笔疾书了著名的《治安疏》，上奏给嘉靖皇帝。他不仅指斥皇帝不理朝政，听任宦官当道，致使“天下吏贪将弱，民不聊生，国事日衰，大明江山朝不保夕”，而且还在上奏中直接引用老百姓这样的话：“嘉靖嘉靖，家家皆净，老百姓要穷净。”

海瑞知道，此次上书非同小可，冒犯天子是要招来杀身之祸的。于是，在递上《治安疏》后，他为自己买了一口棺材。他的妻子和儿子都大吃一惊，海瑞说：“我的官做不成了，命也难保，你们以后各自保重吧!”

果然，海瑞的《治安疏》引起了嘉靖皇帝的勃然大怒：“区区六品官怎敢指责皇上！快把海瑞抓起来!”海瑞锒铛入狱，投入死牢。

没过几个月，嘉靖皇帝错吃长生不老药，中毒驾崩了，海瑞这才免遭死罪。隆庆三年（1569 年），海瑞重涉官场，升迁为应天（今江苏南京）巡抚。

应天是明初的都城，也是贪官奸商集中的地方。他们知道海瑞是个有名的清官，所以当海瑞到任后，便纷纷躲藏起来，不敢作恶。但海瑞并不因此放过他们，他审理了大批过去的冤假错案，强迫那些官僚贵族退还非法强占的田地，归还从百姓那里搜刮来的财产。应天的百姓十分高兴，都称他为“海青天”。

海瑞为民办事，严惩贪吏，全然是一片报国之心。可是，朝廷官僚们却指责他“无法无天”，合伙弹劾海瑞。海瑞担任应天巡抚不足一年，便被革去职务，赶出官场，回家“闲居”了。

明万历十三年（1585 年），“闲居”了 15 年的海瑞又一次被朝廷任用，担任南京吏部侍郎，专管官吏升迁等事务。此时，海瑞已是古稀之年，但他依然是那般刚毅、正直，严惩腐败，铲除贪官，威风不减当年。

两年以后，海瑞不幸病逝于南京。举行丧礼的那一天，南京城内万巷皆空，百姓们纷纷前来送葬，悲痛欲绝，哭声震天，当时的场面，确可谓“大地为之感动，苍天为之哭泣”。

海瑞死后，人们清点他的遗物，发现柜中仅存 10 余两俸银，几件旧布袍，以致置办丧葬的钱，都不得不靠亲朋旧友凑集。海瑞是一位永垂青史的清官。

爱国风范永存人间

1934 年冬，在北平天桥刑场上，一位正气凛然的中国共产党员，面对荷枪实弹的国民党特务，威武不屈，视死如归，振臂高呼“中国共产党万岁！”“抗日万岁！”壮烈牺牲。

他，就是当中华民族处于灾难深重的时刻，挺身而出，毅然投入爱国救亡斗争的抗日英雄吉鸿昌。

吉鸿昌，字世五。1895 年 12 月出生于河南省扶沟县吕潭镇一个贫苦农民的家庭里。青少年时代，吉鸿昌经常从父亲那儿听到一些爱国故事，这就使他从小有着强烈的爱国主义思想。他曾不止一次地流露出内心的秘密：“只要有机会，就要不惜五尺血肉之躯，报效国家！”

1913 年，年方 18 岁的吉鸿昌，参加了冯玉祥将军的西北军，开始了他一生的戎马生涯。

转眼到了 1931 年，吉鸿昌已升为国民党第 22 路军总指挥。身居国军要职的吉鸿昌，忧国忧民之心与日俱增：他对蒋介石的“攘外必先安内”的反动方针表示不满；他把“围剿”红军变成暗暗帮助红军，他曾命令部下对红军只许朝天放空枪，不许打人，放枪之后，留下武器就走。最后，蒋介石逼他交出军权，出国“考察”。

吉鸿昌辞去军职，准备出国。当时正值日本帝国主义侵占我国东北三省。吉鸿昌失声痛哭地说：“国难当头，凡有良心的军人，都应该誓死救国！”他立即拍电报给蒋介石，表示愿带兵北上抗日，粉身碎骨，以纾国难。蒋介石答复他“迅速出国”。1931 年 9 月 23 日，吉鸿昌与妻子依依不舍地离开了祖国。

在美国，吉鸿昌饱尝了外国人歧视中国人的滋味。一次，吉鸿昌去一家邮局邮寄衣物，邮局职员竟说不知道中国。吉鸿昌怒不可遏。随行的特务不让他说自己是中国人，而说自己是日本人，吉鸿昌一听勃然大怒，痛斥他：“你觉得当中国人丢脸，我觉得当中国人光荣！”为了反抗帝国主义对中国人的歧视，他找了一块木牌，在上面写着：“我是中国人”。他不论走到哪里，都把它戴在自己的胸前，表现了这位爱国者高尚的民族气节和爱国精神。

吉鸿昌身在异国他乡，心中念念不忘抗日。他利用各种机会进行抗日宣传。一次有人问他：“日本人有飞机、大炮，中国凭什么抗日？”他愤然答道：“我们有热血，有四万万人的热血。我国人民的愤怒已经达到极点，莫不抱有‘宁为玉碎，不为瓦全’的决心，誓愿牺牲一切，为生存而战，为公理而战！”

1932 年，“一·二八”抗战的消息传到海外，正在德国考察的吉鸿昌，未经蒋介石许可，摆脱特务跟踪，只身回到祖国。他抱着“只有跟着共产党走，中国才能得救”的愿望，在上海找到共产党地下组织，表达他立志跟党抗战的决心。不久，吉鸿昌加入了中国共产党。

在党的教育下，吉鸿昌进一步提高了政治觉悟。1933 年 5 月，吉鸿昌同冯玉祥、方振武等部联合，在张家口组织察绥民众抗日同盟军，任第二路军军长兼北路前敌总指挥，担负抗击进犯察哈尔的日伪军的重任。在一次行军路上，他即兴作诗，抒发自己的抗日决心和爱国之志，他说："有贼无我，有我无贼；非我杀贼，即贼杀我。半壁河山，业经改色，是好男儿，舍身报国。"吉鸿昌在对敌作战中，身先士卒，英勇杀敌，牺牲生命，在所不辞。7 月，在他的指挥下，收复了多伦等地，使全国抗日民气为之大振。

同盟军攻占多伦的胜利，是"九一八"以来日本帝国主义遭到的第一次沉重打击。正当全国人民为之欢庆的时候，蒋介石便联合日军共同进攻同盟军。这年 9 月，同盟军在日、伪、蒋三方夹击下失败。

但是，吉鸿昌并没有被敌人所吓倒。1934 年 1 月，在中共地下党的领导下，他在天津继续进行抗日活动。一些朋友劝他不要跟蒋介石对着干，吉鸿昌只是淡淡一笑，不以为然，表现出了一个共产主义战士不屈不挠的斗争精神。他联合各派抗日人士，建立"中国人民反法西斯大同盟"，并参加创办《民族战歌》杂志，宣传中国共产党的抗日救亡主张。

国民党反动派竭力阻挠吉鸿昌的革命活动，但是，都没有得逞。于是，国民党对他采取暗杀手段。1934 年 11 月 9 日，正当吉鸿昌召集爱国人士秘密开会时，暗藏的国民党特务突然向他开枪，在一片混乱中，吉鸿昌受伤被捕。

审讯中，吉鸿昌把法庭当作战场，愤怒揭露蒋介石反动派的卖国罪行。当敌人问他为什么要加入中国共产党时，他义正词严地回答："不错，我就是要加入中国共产党，因为共产党是唯一能够救中国的！"最后的时刻到了。在临刑前，吉鸿昌在遗书上总结了自己寻求救国道路的艰难历程，倾诉了一个共产党员对革命事业的必胜信念。他以手指作笔，以雪地为纸，写下了四句绝命诗："恨不抗日死，留作今日羞。国破尚如此，我何惜此头。"然后他轻蔑地对刽子手说，"我为抗日而死，不能跪下挨枪，死了也不能倒下。给我拿椅子来！"

中国共产党的优秀党员，著名爱国将军吉鸿昌沉着地坐在椅子上，高呼着口号离去了。然而，他的爱国精神和革命风范将永存人间。

宁死不屈的文天祥

南宋末年，朝廷已经十分腐败。蒙古贵族建立的元朝，举兵南侵，把宋军打得一败涂地。

元兵一直向南宋的都城临安（今杭州）进逼。南宋朝廷只好向全国发出文告，号召各地募集义军，前来救应。告急文书到达江西赣州，知州文天祥立即响应，没几天工夫，便召集了一万多义军。义军组织起来了，但既无粮饷，又缺兵器。怎么办？文天祥毫不犹豫地变卖了自己的全部家产，充作军费。他带领义军，向着临安的方向前进。

可是，朝廷中的大臣们看到元军势盛，大都主张投降。元军统帅伯颜，逼宋朝派宰相去谈判。朝廷中的大臣们胆小如鼠，无人敢去。刚到都城的文天祥挺身而出，被任命为右丞相，到元军大营去谈判。

一见到伯颜，文天祥就严厉地斥责元兵的无理侵犯，接着他要求元兵后退一段路，再进行谈判。

伯颜原以为宋朝是派人来谈判投降条件的，想不到文天祥的态度竟这样强硬。他怒气冲冲地说："你们宋朝已经完蛋了，快些归顺我们大元吧！"

"归顺？"文天祥哈哈大笑说，"我只知道抵抗，不知道什么叫归顺！你不要小看我们大宋，南方的广大土地仍旧在我们大宋军民手里，我们是决不会屈服的！我劝你还是接受我的意见，撤退军队，好好讲和，这样，对我们双方都有好处。"

伯颜气得火冒三丈，命元兵从座位上拽起文天祥，威胁说："是死是降，由你选择！"

文天祥甩开元兵，理直气壮地说："我文天祥早就准备一死报国，你们要杀就杀。刀、锯、油炸，我都不怕！"

伯颜无奈，只好把文天祥扣留起来，不让他回去。

文天祥被扣留后，南宋小朝廷向元军投降了。文天祥在元营里得到这个消息，心里痛苦极了！他曾想自杀，但转念一想：全国广大军民还在继续抗元，无论如何也要活下去，跟敌人斗争到底！有一天，文天祥乘敌人不备，在黑夜里带了十几个人，渡过长江，逃到了江北。路上，文天祥听说南宋益王在福州即位，急急忙忙又赶到福州。

益王让文天祥指挥各路兵马抗击元兵。文天祥经过一年多的苦战，收复了江西南部许多地方。

后来，元军又一次大举南侵。文天祥遭到大队元兵的重重包围。兵败被俘后，如狼似虎的元兵硬要文天祥跪下来，文天祥直挺挺地站立着，轻蔑地对元军统帅说："叫我向你下跪，哼，真是异想天开！现在我被你们捉住，只有一死，要我屈服，万万不能！"

元军统帅还不死心，叫人拿来纸笔，逼文天祥写信劝降。文天祥提笔作了一首诗：《过零丁洋》。这首诗的最后两句是："人生自古谁无死，留取丹心照汗青。"

后来，文天祥被押到了大都（今北京）。开始时，元朝皇帝还想用软的办法引诱他，让他住在豪华的房子里，给他送来山珍海味。文天祥把送来的东西往旁边一推，每餐都只吃一碗饭，喝几口汤。

元军恼羞成怒了，他们给文天祥戴上长枷和脚镣，送进了土牢。狭小的土牢，臭气扑鼻，不见阳光。冬天冷得像冰窟，夏天热得像蒸笼。一到晚上，成群的老鼠到处乱跑乱咬。元军的百般折磨，始终动摇不了文天祥铁石一般的意志。在土牢的四年当中，他写了不少充满爱国激情的诗文，最著名的一篇，便是《正气歌》。

最后，元朝皇帝亲自出马劝降失败，决定杀害文天祥。

第二天，大都城里，风沙漫天飞舞，日色暗淡无光。文天祥被押到刑场时，问旁边的人"哪一边是南方？"有人指给他看。他整了整衣服和帽子，从容地朝南方拜了两拜。然后，转身对刽子手喝道："快动手吧！"

文天祥慷慨就义了。但他宁死不屈的精神，永远受到人民群众的怀念和赞扬。

抵御外侮的林则徐

在北京天安门广场中央那巍峨矗立的人民英雄纪念碑的碑座上，刻有10幅浮雕。第一幅浮雕就是林则徐领导的虎门销烟场面。这场发生于150多年前的禁烟运动，声势浩大，震撼人心，是近代史上震惊中外的第一件大事，也是林则徐一生中最主要、最光辉的业绩。

林则徐，乾隆五十年（1785年）出生在福建侯官（今福建福州）一个穷塾师家庭。1811年，他经科举考试步入仕途。禁烟运动之前，他是湖广总督。1838年10月，林则徐强烈感受到中国受鸦片毒害深重，紧急上书道光皇帝，建议严禁鸦片贸易，打击鸦片走私，重治吸毒者。他说：对鸦片的危害如果放任不管，将“使数十年后，中原几无可以御敌之兵，且无可以充饷之银”。上书言词恳切，句句切中要害。道光皇帝被触动了，一道圣旨，任命林则徐为钦差大臣，前往鸦片贸易的主要口岸广州，查禁鸦片。

鸦片是一种吸了就容易上瘾的毒品，有强烈的麻醉性，严重损害吸食者的身心健康。当时，鸦片的主要产地是英国统治下的印度，英国商人为谋取暴利，大量向中国贩卖鸦片，利用鸦片打入中国市场。中国的一些封建官僚、富商及清军官丁，已吸食成瘾，染上恶习。他们与鸦片商人内外勾结，走私鸦片，清朝廷中的一些王公贵族，也参与了贩卖鸦片活动。

离京之前，林则徐的老师沈维矫不无担心地说：“如果禁烟中途夭折，你怕是会被罢职?”林则徐答道：“我早已将生死置之度外，非严禁鸦片不可!”

1839年3月，林财徐风尘仆仆赶到广州。在充分掌握鸦片走私情况之后，林则徐下令查封广州所有烟馆，张贴布告，严禁吸食鸦片。他还严令所有外国鸦片商人：限期3天，交出所有私藏鸦片，并保证“永不敢夹带鸦片”。林则徐毅然表示：“若鸦片一日未绝，本大臣一日不回，誓与此事相始终，断无中止之理。”

广州的百姓们听到林则徐的这些话，又看到林则徐令行禁止、缉私果断的行动，纷纷拥护禁烟，积极参加禁烟活动，禁烟运动一下子如火如荼地开展起来。

英国鸦片贩子十分狡猾，企图以搪塞的手段敷衍了事。3 天以后，他们仅上缴 100 余箱鸦片，把其余的绝大部分鸦片全部藏在停泊于珠江口外的趸（dǔn）船上。他们满以为这样就可以蒙混过关，待林则徐走后，只要再贿赂一下清朝官吏，又能大张旗鼓地贩卖鸦片了。

林则徐没有被鸦片商人的狡猾伎俩所蒙骗。他毫不含糊地下令立即封截停在珠江口外的英国货船，停止中英贸易，并警告鸦片贩子："再不缴烟，必处以严刑重罚！"英国驻华商务监督义律见蒙混不成，便进行恫吓，又悄悄指令将趸船开走。林则徐早有准备，急派广东水师拦截趸船，封锁洋人商馆，义律无计可施，只得交出所有鸦片。

1839 年 6 月 3 日，广州虎门海滩庄严热闹，人山人海，连一些黄头发的外国人也赶到这里。港湾里，数十艘广东水师的战船排成威武的阵势。林则徐会同两广总督邓廷桢、广东水师提督关天培等大小官员，登上虎门。随着林则徐一声令下，震动世界的虎门销烟开始了。两个巨大的销烟池内，海水沸腾，白烟滚滚，鸦片在盐水和石灰浸泡下完全溶解，化为渣沫。

虎门销烟连续进行了 22 天，到 6 月 25 日，林则徐下令收缴的 237 万多斤（1 斤 =500 克）鸦片全部销毁。这就是历史上震惊中外的"虎门销烟"。

1840 年 6 月，英国借虎门销烟挑起侵华战争，历史上称为"鸦片战争"。8 月，英舰进逼天津大沽，扬言要攻入北京。狂妄自大的道光皇帝此刻着了慌，不知如何对付。那些反对林则徐禁烟的官僚贵族乘机诬陷林则徐，责怪林则徐禁烟太严厉，招致英国人的入侵，认为只要把林则徐撤职查办，就可以退兵。昏庸的道光皇帝信以为真，1840 年 10 月，他以"误国病民，办理不善"的罪名，将林则徐撤职查办，以后又发配到边远的新疆。

林则徐不仅是禁烟运动的领导者，在中国近代史上，他还是"开眼看世界的第一人"。

那个时候，清王朝闭关锁国，以"天朝上国"自居，对中国以外的事情了解甚少。鸦片战争时，道光皇帝还不知英国到底地处何方。如此愚昧而又骄妄的统治者，怎么能使中国跟上世界文明发展的脚步呢？所以，当英国炮舰开来，轰轰几声炮响，这些封建统治者便不知所措了。

然而，林则徐却不同于一般清朝大臣。在禁烟时，他先掌握和了解外国情况，再制订对付办法，所以他的禁烟措施，处处击中要害。他还派人购买西方书报，组织人翻译西方书籍，编译出了《华事夷言》《四洲志》《万国公法》等西方书籍，为中国人民了解世界作出了贡献。

林则徐还主张学习西方“长技”。他曾从澳门、新加坡购买西方制造的大炮200门，装备虎门炮台；组织人力仿制西方的各种新式武器。他让魏源编《海国图志》，魏源在书中提出“师夷之长技以制夷”的主张，在当时把外国先进技术称为“奇技淫巧”的背景下提出这种主张是很不容易的。

1850年11月，林则徐在广东潮州溘然逝世，终年66岁。

林则徐以坚定不移的爱国精神和“开眼看世界”的行动，启迪和鼓舞了近代史上无数爱国者。他们为谋求民族独立和国家富强，开始了向西方寻求真理的艰难历程。

名垂青史的史官

在中国的史书上经常提到“太史简”和“董狐笔”两个词。“太史简”“董狐笔”这两个词都出自文天祥的《正气歌》，诗中历数古代忠贞之士，借以表现自己在任何环境下都能经受考验的顽强意志。“时穷节乃见，一一垂丹青”。文天祥所列举的义士，头一位就是不怕死的太史——“在齐太史简”。

公元前548年，齐国的国君齐庄公与相国崔杼的夫人棠姜有私情，崔杼察觉后设计害死了齐庄公。事后，崔杼让太史伯记录这件事。由于弑君罪大，心虚害怕，崔杼命令太史伯写“先君是害病死的”，太史伯反对说：“按照事实写历史，是当太史的本分，哪能颠倒是非，捏造事实呢?”写下“夏五月，崔杼谋杀国君。”崔杼说：“你不照我的意思写，我就杀你的头!”太史伯回答：“我虽然只有一个脑袋，可是你叫我颠倒是非，我情愿不要这个脑袋。”于是崔杼就把他杀了。然后太史伯的兄弟仲继承他哥哥太史的位置，但他照样写“夏五月，崔杼谋杀国君”。崔杼很气，把太史仲也杀了。第三位是太史叔，他也不肯写假话，结果又被崔杼杀了。第四位太史季上任，仍旧写下了实情。崔杼又气又怕，问他：“你不爱惜性命吗?”太史季说：“这是我的本分。要是贪生怕死，失了太史的本分，不如尽了本分，然后去死。你如果杀了我，还是会有人写的!”崔杼束手无策，只得作罢。太史季拿着写好的竹简出宫，路上碰见南史氏抱着竹简和刻笔迎头走来，原来他认定太史季也会遭杀害，特来准备继承太史季的。太史季把写好了的竹简给他看，南史氏这才放下心，回去了。

《正气歌》中歌颂的第二位义士是被孔子称为“古之良史”的董狐——“在晋董狐笔”。据《左传》记载，宣公二年赵穿杀害了晋国的国君晋灵公。那时候，晋国的执政大臣赵盾逃亡在外，没出国境，听说国君死了就回来了。太史董狐在国家的《大事记》上写着：“赵盾杀害了国君。”还拿它给朝廷的大臣们看。赵盾看了非常紧张，因为尽管他也恨国君，赵穿杀了国君他也很赞成，但他不敢担这个弑君的罪名。于是他对董狐说：“明明不是我杀的，那时候我根本不在宫里，你怎么叫我担这个罪名啊?”董狐回答说：“您是执政的大臣，国家大事全由您掌管。您虽说跑了，可是还没离开本国的地界，大权在您手里。要是您不想杀国君，那么您回来后为什么不惩办凶手呢?”太史董狐的话说得赵盾无言相对。后来，孔子说：“董狐是古代的良史，写历史不隐真情。”

从“太史简”“董狐笔”，到《春秋》的“微言大义”，《史记》的“不虚美，不隐恶”，形成了历代史官秉笔直书的优良传统。史官虽不是显赫的官位，但他们记实事、写真情的凛凛正气、铮铮硬骨精神，却能透过纸背，铭刻在每一个中国人的心间。

革命信念如磐石

1933年5月15日，中国共产党北方组织的创始人之一邓中夏，不幸在上海的帝国主义租界里被捕。由于他当时化名施义，敌人也没有掌握他的任何证据，因此，他就利用这个有利条件，在法庭上同敌人展开了斗争。虽然他被严刑拷打，但始终没有屈服。后来，由于叛徒的出卖，敌人知道了邓中夏的身份。

国民党机关派出大员，花30多万元现洋，把邓中夏从上海法租界引渡到了南京。

国民党为了收买他，采用了软硬兼施的办法。硬的不行，便来软的。有个国民党中央委员来到狱中，别有用心地对邓中夏说："你是共产党的老前辈，现在受莫斯科回来的那些小字辈的欺压，我们都为你打抱不平啊！中共现在已不是政党了，已日暮途穷。你这样了不起的政治家，何必要白白地为他们牺牲呢?"邓中夏看穿了他挑拨离间的阴谋，当即痛斥说："我要问问你们，一个害杨梅大疮到第三期已无可救药的人，是否有权讥笑那些偶感伤风咳嗽的人？我们共产党人从不掩盖自己的缺点，也能克服一切缺点和错误。而你们呢？背叛革命，屠杀人民，犯了人民不能饶恕的罪恶，你们还有脸来说别人的缺点和错误，真是不知人间有羞耻事！"

有一天，又有一名国民党的要员来劝降了，他对邓中夏说："你这样强硬，难道不想出去，不想获得自由吗?"邓中夏哈哈大笑道："我未进来前，倒想到有一天会进来。现在进来了，却从未想到会出去。你们活着和狂吠的日子也不久了，中国人民和英勇的红军，会结束你们的一切罪行!"

还有一个国民党中央委员自称是搞政治的，要与邓中夏谈谈理论问题。

经过两三个小时的激烈争辩，邓中夏同志正告他说："请你寄语你们的中央委员会，假如你们认为你们有理，我邓中夏有罪，请你们在南京公开审判我，我可以与你们订一个君子协定，你们全体中央委员都可以上席。我么，辩护律师也不要。最后谁情亏理输，便要自动向对方投降。"接着又嘲讽地说，"量你们蒋委员长也不敢这样办!"那个家伙无言以对，气急败坏地叫道："那么，要关你十年!"邓中夏冷笑一声说："哼！我看你们在南京也坐不了十年了。"

就是这样，邓中夏以他坚如磐石的革命信念，冷峻、犀利的言词，击败了国民党的一次又一次劝降。

邓中夏知道自己的生命已经有限了，但一点也不悲观。在狱中，他除有时和难友下棋外，大部分时间仍用在宣传和学习上。他对难友们说："一个人不怕短命而死，只怕死的不是时候，不是地方。为了贫苦大众的利益而死，虽死犹生，比泰山还重。"

在就义前两天，他给共产党组织写了最后一封信，坚决而深情地说："同志们，我快要到雨花台去了，你们继续努力奋斗吧，最后的胜利终将是我们的！" 1933 年 10 月，邓中夏在南京雨花台英勇就义，牺牲时，年仅 39 岁。

要留清白在人间

屈原一生经历了楚威王、楚怀王、顷襄王三个时期，而主要活动于楚怀王时期。这个时期正是中国即将实现大一统的前夕，"横则秦帝，纵则楚王"。屈原因出身贵族，又明于治乱，娴于辞令，故而早年深受楚怀王的宠信，位为左徒、三闾大夫。屈原为实现楚国的统一大业，对内积极辅佐怀王变法图强，对外坚决主张联齐抗秦，使楚国一度出现了一个国富兵强、威震诸侯的局面。

但是在内政外交上屈原与楚国腐朽贵族集团发生了尖锐的矛盾，由于上官大夫等人的嫉妒，屈原后来遭到诬陷而被楚怀王疏远。上官大夫和屈原职位相同，他为了能得到怀王的宠信，很嫉妒屈原的才能。有一次，怀王命屈原制定国家法令，屈原刚写完草稿，还没最后修订完成。上官大夫见到之后想夺为己有，但屈原不肯给他。他就向楚怀王说屈原的坏话："大王您让屈原制定法令，上下没有人不知道这件事，每颁布一条法令，屈原就自夸其功，说是'除了我之外，谁也做不出来'。"怀王听了，非常生气，因此就对屈原疏远了。

后来，张仪由秦至楚，以重金收买靳尚、子兰、郑袖等人充当内奸，同时以"献商于之地六百里"诱骗怀王。

当时屈原劝说楚王不要与齐国断交，等到秦国给了楚国六百里之地后，再断交也不迟，但楚怀王不听，与齐国断交。但与秦国要六百里地时，张仪说只是六里，不是六百里。楚国使者非常生气地离去，回到楚国把这事告诉了怀王。怀王勃然大怒，大规模起兵攻打秦国。秦国也派兵迎击，在丹水、淅水一带大破楚军，并斩杀8万人，俘虏了楚将屈丐，接着又攻取了楚国汉中一带的地域。于是楚怀王动员了全国的军队，深入进军，攻打秦国，在蓝田大战。魏国得知此事，派兵偷袭楚国，到达邓地。楚兵非常害怕，不得不从秦国撤军回国。而齐国很痛恨怀王背弃盟约，不肯派兵救助楚国，楚国的处境非常艰难。第二年，秦国提出割让汉中一带土地和楚国讲和，但楚怀王说："我不希望得到土地，只想得到张仪就甘心了。"张仪听到这话，就说："用我一个张仪来抵汉中之地，请大王答应我去楚国。"张仪到楚国之后，又给楚国掌权的大臣靳尚送上厚礼，并用花言巧语欺骗怀王的宠姬郑袖，怀王竟然听信了郑袖的话，把张仪又给放跑了。这时屈原已被疏远，不再担任重要官职，被派到齐国出使，回来之后，向怀王进谏说："大王您为什么不杀了张仪呢？"怀王感到很后悔，派人去追赶，但已经来不及了。

公元前277年，秦国派遣大将白起，攻打楚国，且攻陷了楚国首都郢城，人民四处逃散。当屈原听到这个噩耗后，不禁老泪纵横、悲痛欲绝，可是正当被流放的他又有什么办法啊！他怀着落魄愤恨的心情，拖着沉重的步伐，走在汨罗江旁。走着走着他碰到了一个渔父，渔父问他说："你不是楚国的三间大夫吗？为什么会在这里呢？"屈原就回答这个渔父说："举世皆浊，惟我独清；众人皆醉，惟我独醒。所以我才会遭受到放逐啊。"渔父说："凡是能够成为圣人的人，必不会墨守成规，而能顺应时俗，既然举世皆浊了，为何你不随其流而扬其波呢？众人既然已经醉了，那么你为何不多喝几杯，何必要与众人不同而遭放逐呢？"说到这里，屈原便相当生气地说："我听说刚洗过头的人，必定会弹去帽上的灰尘；刚洗过澡的人，一定会将衣服的灰尘抖干净。一个正直的人，怎能将洁净的身子，委屈于污秽不堪的世界呢？"说完，便愤然离去，最终以身殉了自己的政治理想。

精忠报国的岳飞

岳飞是河南相州汤阴人，他自幼贫苦，文武并修，自学上进。可惜岳飞生不逢时，大宋王朝已经走过了它的辉煌时代，进入末期。当朝的徽宗皇帝，是个琴棋书画样样出色，唯独不知如何治国的风流天子。在他穷奢极欲、大肆挥霍的影响下，朝政极端腐败，阶级矛盾日益激化。同时，久已存在的民族矛盾，又出现新的情况。原居白山黑水之间的女真人，建立了金国，势力急剧扩展，大举攻辽，十年之内基本上攻占了辽国全境，对宋王朝构成了新的威胁。

“学会文武艺，货卖帝王家”，况且国难当头，年方二十的岳飞，毅然投军杀敌，母亲姚氏请人在岳飞的背上深深地刺了四个大字“精忠报国”，从此，岳飞便把这四个字，作为毕生追求的信念，奔赴沙场，死而无悔。

靖康元年（1126）年冬，康王赵构来相州，遂隶大元帅府。次年春，金人虏徽、钦二宗北去。康王即位南京（今河南商丘），是为高宗。岳飞当即上书请“乘敌穴未固，亲率六军北渡，则将士作气，中原可复”。不久，往河北投奔张所，转战太行山。后归宗泽，防守东京、河南。建炎三年（1129 年）金兵大举南侵，高宗慌忙渡江逃往杭州，岳飞只好随军撤至建康（今江苏南京）。这年冬天，金兵渡江深入江浙，岳飞转战西南，六战皆捷，移师广德、宜兴。次年五月，趁金军北返之机，在常州、镇江、清水亭、牛头山、静安镇等地，伏兵截击，大败金兵，遂收复重镇建康。这是岳飞参军以来取得抗金战争最大的一次胜利。战后到杭州奏捷献俘，高宗细加询问，特予嘉勉。不久，即授武功大夫，通泰镇抚使，兼知泰州，成为南宋政府日益倚重、独当一面的要员了。

从此以后，岳飞更是意气风发，大显军威。绍兴三年（1133 年），岳飞赴临安朝见，获赐高宗亲书“精忠岳飞”绣旗一面，充任江南西路舒蕲州制置使，驻军江州（今江西九江），准备北伐。次年春，请复襄阳六郡，以图中原。得到高宗的批准，即于五月出师，陆续收复郢州、随州、襄阳、邓州、唐州、信阳等州军，初步实现了收复失地的愿望。

绍兴七年（1137 年）正月，高宗和宰相张浚商议，欲乘胜恢复中原。考虑到近几年来，岳飞在战场上的表现，及其在诸将中的声望，都是非常突出的，如果要在抗金方面有所作为，自然非他莫属，便下令岳飞速来奏事。

三月九日，岳飞到建康受到高宗接见，经过多次交谈，高宗认为他见识大有进步，议论皆有可取，决定加以重用，特下手诏："卿等久各宣劳，朕所眷倚。今委岳飞尽护卿等，所宜同心协力，听飞号令，如朕亲行。"

岳飞对高宗这一决定，自然感到极大的信任，必须加倍努力，决不辜负知遇之恩，当即亲手写了北伐用兵的详细计划，进一步表达了"致身报国，复仇雪耻"的决定。

谁知，很快高宗对岳飞的态度突然发生了变化。原来，这时秦桧担任了枢密使，极力宣扬和议，遥尊韦氏为皇太后，高宗说："太后春秋高，朕朝夕思之，屈已讲和，正勾此耳。"

宰相张浚则认为统一节制全国的军马，指挥北伐的重任应该归他自己，不能交给岳飞。秦张二人各从自己的角度提醒高宗，不能让岳飞有太大的权力，会出现尾大不掉，威震人主，难于控制。高宗于是改变主意，写了个手诏给岳飞，"淮西舍军，颇有曲折"，要他去见张浚。张浚闭口不谈高宗曾经答应岳飞扩军，将淮西军归他节制的事，反而用征求意见的语气问岳飞将淮西军拨给王德、昌祉、张俊、杨沂中等人指挥，行不行？岳飞直言不讳地说这些人都不行。张浚以宰相之尊，听了岳飞的话，拂然而怒说："我早就知道，非你不行。"岳飞也愤然回答说："你征求我的意见，我不敢不谈个人的看法，我决不是想自己一定要得到那些部队！"说罢愤怒退出，立即上奏请求解除军务，不待批准便于三月下旬离开建康，溯江西上，回到庐山东林寺，去给亡母守孝。

张浚对岳飞这种"抗上"的行为，极为不满，多次在高宗面前说"岳飞积虑，专在并兵，奏牍求去，意在要君"，高宗果然认为岳飞居功骄傲，飞扬跋扈，不能容忍。便派兵部侍郎张宗元去担任湖北京西路宣抚判官，想乘机剥夺岳飞的军权，幸好有人及时劝解高宗，岳飞本是粗人，受不得委屈，只是所见不同，也许别无他意，忠义可用，应予谅解。于是派人去庐山，赐诏抚谕。来人以死相请，岳飞只好回朝。岳飞见到高宗后，承认有罪。高宗当然好言相慰，当即召还张宗元，让他仍回鄂州担任原来的湖北京西路宣抚使。一场君臣之间的矛盾终于缓解了，但再也难以弥合这已经出现的裂痕。

绍兴八年（1138 年）三月，一贯推行投降路线的秦桧，重新担任了宰相，并且兼任军事职权的枢密使。他一上台就加快议和的步伐，不顾众多大臣的反对，派王伦去金往返穿梭密议，进展颇速，即将达成协议，但同时也招来了更多的反对。在这种情况下，高宗不能不考虑征求拥有重兵的大将们的意见。

绍兴九年（1139 年）正月，金宋求和成功，高宗利用求和成功，金人将归还河南地的机会，宣布大赦天下，给诸将加功，借以欺骗国人，粉饰太平。岳飞在鄂州接到赦书后，在《谢表》中说："愿定谋于全胜，期收地于两河：唾手燕云，终欲复仇而报国，矢心天地，尚令稽首以称藩。"曲折婉转地表达了和议不便的意思，又力辞加官进爵，认为"今日之事，可危而不可安，可忧而不可贺，可训兵饬士，谨备不虞，而不可论功行赏，取笑夷狄"。这些话都直接指向了主持和议的宰相秦桧，秦桧十分恼怒，遂成仇隙。

岳飞的估计，果然不错。这次议和是由于金朝统治者内部发生矛盾的结果，以挞懒为首的一派掌权后，对刘豫的不受控制极为不满，因此废伪齐，将河南地归宋，达成和议。但以兀术为首的一派，又对挞懒的政策不满，向金熙宗控告，说归地于宋必有阴谋，结果挞懒被杀，兀术掌权。宋金议和纸墨未干，便岌岌可危了。

到绍兴十年（1140 年）五月，金兀术撕毁和议，分兵四路大举南侵。东京、西京、河南、陕西州郡守备不足，所至皆降，重陷敌手。各地抗战军民纷纷自动组织起来，进行抵抗。岳飞一贯反对和议，自率大军直捣中原。在颍昌（今河南许昌）、郾城等地大破金兵，攻克了西京等许多河南州县。金军损失惨重，兀术之婿也在一次战斗中被岳家军打死了。岳飞正在庆贺即将收复中原，勉励将士"直捣黄龙与诸君痛饮"的时候，忽然接到高宗命令班师的十二道金牌，君命难违，只好叹息了一声“十年之功废于一旦”，撤军回朝了。

金兀术遭此惨败，把一身的怒火都发泄到岳飞的头上，不久他便写了一封信给秦桧：“尔朝夕以和请，而岳飞方为河北图，且杀吾婿，此仇不可以不报。必杀岳飞，而后和议可成也。”秦桧本来就对岳飞的反对和议极为不满，现在又接到兀术必杀岳飞才肯和议的信，更是下定决心要除掉岳飞。于是岳飞的命运便陷入了险境。金兀术给秦桧写了“必杀岳飞”的信以后，一时未见回音，便想再增加点压力，于绍兴十一年（1141 年）正月组织了十万金军再次入侵，高宗大惊，急命远在鄂州的岳飞前来退敌。岳飞奉命于二月中旬亲率八千铁骑赶到战场时，金兀术闻岳飞兵至，渡淮北去。岳家军也便返回鄂州。

这时，高宗和秦桧经过密议，决定杀岳飞与金人讲和。秦桧为了达到必杀岳飞的目的，诱使王俊诬告张宪。说张宪得到岳飞的儿子岳云写的一封信，知道岳飞被罢官，便欲裹挟大军移屯襄阳，威胁朝廷将军权交还岳飞。

岳飞父子被诬谋反，投下天牢。最初主持审判此案的是御史中丞何铸和大理卿周三畏，何铸见岳飞背有“精忠报国”四字，又翻察卷宗，见并无反叛证据，不忍陷害无辜，审了一个多月不肯定案。

秦桧另派万俟禹接审此案，由于并无可以定案判刑的证据，又快一月，也没有什么结果。在这种情况下，有人出主意可另加两条罪状：一条是说岳飞当年奉命增援淮西时“逗留不进”。尽管不符真实，但胡说一通是可以骗人的。第二条是说岳飞“指斥乘舆”，曾私下对部将们说，“我三十二岁时建节，自古少有”，这是和太祖三十岁作节度使相比，有谋反的意图；还说“国家了不得也，官家又不修德”，就是辱骂皇帝。因为皆属口说，可以无凭，随便找个人证明一下就行了，万俟禹一听大喜，便以“岳飞私罪斩，张宪私罪绞，岳云私罪徒”定案，上报高宗，请圣旨裁断。

当时朝廷内外对岳飞一案十分震惊，许多具有正义感的官员，纷纷出面进行营救。宗室首领齐安郡王赵士袁上书说：“中原未靖，祸及忠义，是忘二圣不欲复中原也。臣以百口保飞无他。”这时已罢官闲居的韩世忠，本已闭门谢客，绝口不谈政事，但实在无法平息愤懑的心情，还是去质问秦桧有什么根据说岳飞谋反。秦桧回答说："飞子云与张宪书虽不得，其事体莫须有？"他蛮不讲理地认为，尽管岳云给张宪的书信找不到了，难道这个事也没有吗？我看或许是有的，可能有的。韩世忠见他硬把无理说成有理，只好拂然说道："相公，'莫须有'三字，何以服天下乎？"

高宗和秦桧既然决心与金人讲和，就必须满足金人的条件杀掉岳飞。这既除掉了妨碍自己的绊脚石，又杀鸡给猴看，警告拥有军权的武将们必须顺从，使自己的统治基础得到加强和巩固，又何乐而不为呢！于是不顾众人的反对，一意孤行，在这年的除夕，下达了"岳飞赐死，张宪、岳云并依军法施行"的圣旨。

当天，大理寺的执法官遵旨来到狱中，逼岳飞在供状上画押。岳飞知道最后的时刻到了，他想到自己一生尽忠报国，光明磊落，问心无愧。现在无辜被害，老天有眼，终有昭雪的一天，便镇定自若地提起笔来，在供状上写下了八个大字"天日昭昭！天日昭昭！"

一代忠臣，爱国名将岳飞，就这样惨死了，年仅三十九岁。

中国正史的开拓者

《史记》是我国历史上一部伟大的文学著作和史学著作，它也位居人们常说的"二十五史"之首。它的作者就是西汉的司马迁。

司马迁是当时的龙门（今陕西韩城）人。他出生于一个书香门第之家，其父司马谈是一个历史学家，在政府里担任太史令的官职。司马迁小的时候，父亲就对他充满期望，希望儿子能够继承父亲的事业，所以家教很严。司马迁 10 岁的时候，就能诵读《左传》《国语》《尚书》等古代流传下来的历史书，在历史学和文学两方面打下了坚实的基础。

司马迁读书，遇到疑难问题，总要反复思考，探究根底。他还喜欢寻访名胜古迹。从 20 岁那年起，司马迁到全国各地去游历，往南到了江淮流域，最远到过会稽（今浙江绍兴市）。据传说他特意到留有禹穴的地方进行了考察。往北，司马迁渡过了汶水、泗水，到过春秋战国时代的齐国、鲁国的首都，实地考察了孔子、孟子当年给学生讲学的遗迹。每到一地，凡是古代历史记载或传说中出名的地方，司马迁都要亲自考察游览，访问当地的老人。他听说战国时代秦国蜀郡太守李冰修建了都江堰，能防洪和灌溉，就特地跑到四川，爬上岷山眺望，到都江堰的离堆上去踏勘。他听说秦灭魏的时候，曾引黄河水去淹魏国首都大梁城，就特地跑到大梁，观察了城墙上当年被水淹过的痕迹，向老年人询问水淹大梁的惨状。他听说屈原怀才不遇，自沉汨罗江而死，就特地跑到长沙，在汨罗江畔凭吊了这位伟大的爱国诗人。经过这次的游历和考察，司马迁开阔了眼界，增长了知识，锻炼了观察事物的能力，积累了大量的原始资料，为写《史记》打下了基础。

司马迁 36 岁那年，父亲司马谈因病去世，父亲生前编写的一本历史书便搁下了。他临死时，拉着儿子的手再三嘱咐说："汉朝兴起以后，海内又统一了，上面有贤明的君主，下面有众多的忠义之士。他们的事迹都很丰富感人，我们做太史令的，如果不能把他们的业绩记载下来，就是失职。我死之后，你一定要继承我的事业，把书写完。"司马迁流着眼泪，连连点头，接受父亲的嘱咐。

过了两年，司马迁接替父亲做太史令，开始着手编写他父亲没有写完的历史书。这时候他接触到了各种宫廷文书档案，知识更加丰富了，搜集到的材料也更多了。

正在司马迁专心写《史记》的时候，不幸的事降临到他的头上，这是他 48 岁那年。司马迁有个老朋友，名叫李陵，被派去征讨匈奴。由于孤军深入，粮尽援绝，被匈奴包围俘虏了，当时有人传说李陵投降了匈奴。汉武帝一生气，把他的全家都杀了。司马迁对李陵比较了解，就在汉武帝面前替李陵辩白了几句，因此，触犯了汉武帝，汉武帝便治了他的罪。按当时的法律规定，是可以用钱赎罪的，但司马迁家里没有钱，最终受了腐刑的处罚，腐刑是使人丧失生殖能力的处罚，虽然不危及生命，但却让人蒙受巨大的耻辱。

受刑以后的司马迁，在人格上受到了沉重的打击，内心十分悲痛，他几次想到了自杀，可是一想到父亲的遗愿还没有实现，又不甘心就这样死去。他决心坚强地活下去，把那部历史书写完。从此，他利用已经搜集到的材料，夜以继日地发愤著书。

经过不懈地努力，在53岁那年，司马迁终于写成了我国第一部不朽的历史巨著《史记》。这部书共130篇，有52万多字。其中包括本纪12篇，记载帝王的事迹；表10篇，用列表的方式记载大事和重要人物，补充本纪；书8篇，记载重要的典章制度，天文现象，政治设施和社会经济生活；世家30篇，记载诸侯王和孔子、陈胜等特殊重要人物的事迹；列传70篇，记载重要人物，少数民族和邻国的历史。其中最重要的是本纪和列传，因此后人称它为纪传体史书。自从《史记》首创了这种纪传体以后，中国历代的正史，即通常所说的24史，基本上都是以《史记》作榜样，采用纪传体这种形式来写的。

司马迁著的《史记》不仅内容确信可靠，是一部了不起的历史书，而且文字生动优美，人物写得栩栩如生，因此也是一部了不起的文学著作。鲁迅称赞《史记》是“史家之绝唱，无韵之离骚”。